高铁漫谈

周晶晶　康仁伟　高鹏飞·著

图书在版编目（ＣＩＰ）数据

高铁漫谈 / 周晶晶, 康仁伟, 高鹏飞著. -- 北京：
五洲传播出版社, 2019.5
（创新中国）
ISBN 978-7-5085-4173-0

Ⅰ. ①高… Ⅱ. ①周… ②康… ③高… Ⅲ. ①高速铁
路－普及读物 Ⅳ. ①U238-49

中国版本图书馆CIP数据核字(2019)第080170号

作　　者：周晶晶　康仁伟　高鹏飞
出 版 人：荆孝敏
责任编辑：姜珊
助理编辑：宋歌
装帧设计：理想集

高铁漫谈

出版发行：五洲传播出版社
地　　址：北京市海淀区北三环中路 31 号生产力大楼 B 座 6 层
邮　　编：100088
电　　话：010-82005927，82007837
网　　址：www.cicc.org.cn, www.thatsbook.com
印　　刷：北京顶佳世纪印刷有限公司
版　　次：2019 年 5 月第 1 版第 1 次印刷
开　　本：710×1000　　1/16
印　　张：21
字　　数：186千字
定　　价：58.00元

前言

2008 年 8 月 1 日京津城际动车组的第一声汽笛，奏响了中国高铁时代的序曲，从此中国铁路迎来新时代。十多年间，中国高铁从"望尘莫及"到"并肩而行"，再到"一马当先"，实现了从"跟随者"到"同行者"再到"领跑者"的蝶变。十多年时间在历史长河中只不过短暂一瞬，但对于中国铁路来说，却是长足地跨越。沿着历史轨道回溯这一波澜壮阔的历程，展现在眼前的是一段难以忘怀的逐梦之旅。

这是一本面向中文读者的中国高铁科普书，为了广大读者尽可能多地了解中国高铁的点点滴滴，作者尽可能用质朴的语言平铺直叙，并减少使用专业术语。不过少量的概念、定义似乎不可避免。因此，本书不仅适合公众，也适用于具有铁路行业背景的人士。

全书共三部分：第一部分发展篇重在回顾中国高铁的发展历程，展现举世瞩目成就背后的价值优势、组织架构以及"八纵八横""走出去"背景下的中国高铁远期规划；第二部分技术篇重在展现中国高铁的门面、神经中枢、能量源泉、必然趋势以及为生命财产保驾护航的中国高铁保障体系；第三部分文化篇旨在展现"以人为本"的铁路人性化服务、文化旅游和传奇人物。

　　本书在内容上尽可能涵盖中国高铁的方方面面，但作为科普读物，很多重要、核心、前沿的材料未能触及，即便覆盖到的部分也仅是管中窥豹，更多的内容留待读者更深入地发掘。

目录

第一部分　发展篇

第一章　发展历程 ……………………………………… 2
1.技术储备期 ……………………………………… 5
2.技术引进期 ……………………………………… 8
3.自主创新期 ……………………………………… 11

第二章　价值优势 ……………………………………… 15
1.中国高铁的优势 ………………………………… 17
2.中国高铁的价值 ………………………………… 23
3.高铁精神 ………………………………………… 34
4.发展特点 ………………………………………… 36
5.高铁展览 ………………………………………… 38

第三章　组织架构 ……………………………………… 45
1.政府组织 ………………………………………… 47
2.铁路部门 ………………………………………… 49
3.科研院所 ………………………………………… 53
4.高新企业 ………………………………………… 61

第四章　规划展望 ……………………………………… 67
1.八纵八横 ………………………………………… 70
2.咱的高铁要走出去 ……………………………… 74

目录

第二部分　技术篇

第一章　动车与路 92
1.高速动车组 93
2.高速铁路线路 99
3.高铁之最 104
4.超级工程 111

第二章　控制系统 117
1.列控系统标准 120
2.列控设备 123
3.其他设备和场景 142
4.系统工作原理 157

第三章　自动驾驶 161
1.历史进程 164
2.必然选择 168
3.等级定义 173
4.大胆尝试 176
5.系统升级 180
6.未来趋势 182

第四章　保障体系 185
1.开通试验 186
2.动车组运维 191

目录

3.线路设备运维 207

4.动车医生 211

5.安全保障 216

第三部分　文化篇

第一章　铁路服务 **238**

1.网络购票 239

2.人性服务 246

3.司乘服务 254

4.爱心专列 258

5.助力春运 260

第二章　文化旅游 **264**

1.以站为本，彰显传统之美 267

2.以车为翼，给文化插上翅膀 273

3.以途为乐，尽享出行之趣 276

第三章　传奇人物 **286**

1.40后陈宜禧——自力更生的民办铁路 288

2.60后詹天佑——小学课本里的故事 295

3.80后曾鲲化——铁路管理学校鼻祖 303

4.00后金士宣——铁路运输创始人 307

第四章　参考文献 **316**

第一部分

发 展 篇

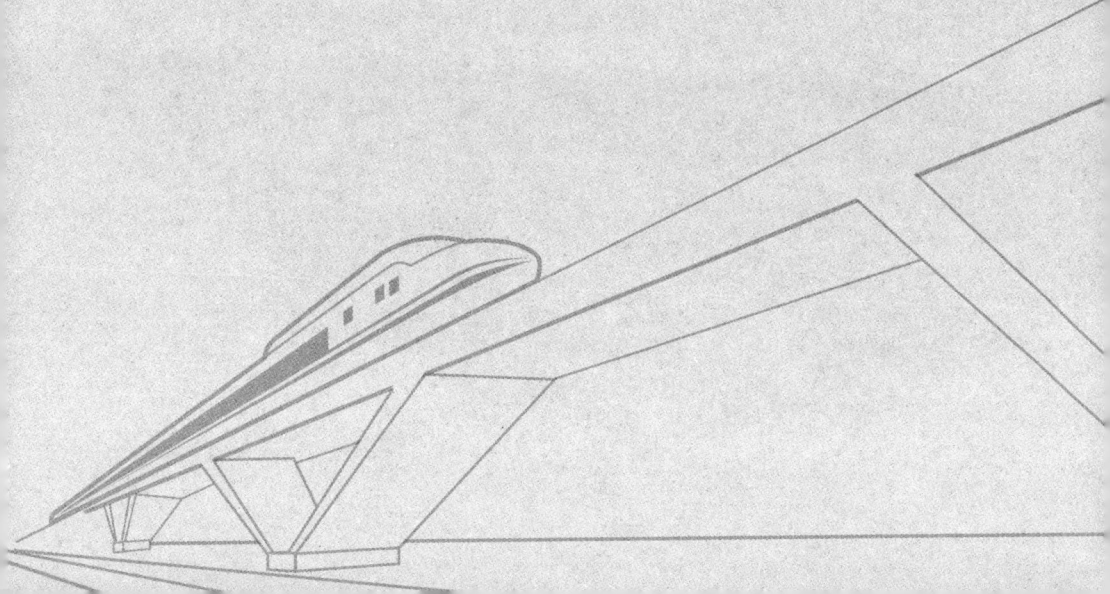

第一章　发展历程

2008 年 8 月 1 日，随着一阵清脆的汽笛响起，第一列京津城际动车组 C2275 次列车从北京南站缓缓驶出，将北京与天津之间的通行时间缩短为 30 分钟。京津城际的开通，奏响了中国高铁时代的序曲，从此中国铁路迎来新时代。到 2018 年 8 月 1 日，京津城际开通运营整整十周年，中国标准动车组列车"复兴号"披挂上阵，更多的中国制造标准动车组驰骋在祖国广袤大地上。十年间，中国高铁从"望尘莫及"到"并肩而行"，再到"一马当先"，实现了从"跟随者"到"同行者"再到"领跑者"的蝶变。十年时间在历史长河中只不过短暂一瞬，但对于中国铁路来说，却是长足的跨越。沿着历史轨道，回溯这一波澜壮阔的历程，展现在眼前的是一段难以忘怀的逐梦之旅。

回顾中国高铁发展历程，经历了技术储备期（2004 年之前）、技术引进期（2004 年至 2008 年）和自主创新期（2009 年至今）三个阶段，分别对应着中国高铁技术储备、引进消化吸收再创新以及全面自主创新。

表1　高速列车技术研发历程

	技术储备期	技术引进期	自主创新期
时间	2004 年以前	2004 年 –2008 年	2009 年至今
技术来源	理念模仿，自主研发	技术引进，逆向学习	全面自主，正向设计
技术地位	落后	追赶	领先
速度等级	低，时速 160 公里	高，时速 300 公里	最高，时速 400 公里
运营里程	短	零的突破	长
代表车型	大白鲨号 先锋号 蓝箭号 中华之星	CRH1 CRH2 CRH3 CRH5	CRH380A CRH380B CR400AF CR400BF

1.技术储备期

发展高速铁路是几代铁路人的梦想，中国高铁能取得举世瞩目的成就，离不开他们前期的探索和积累。为了发展高铁，铁路部门做了大量前期研究和论证工作。1992年，原铁道部颁布《铁路今后十年和"八五"科技发展纲要》，提出研究高速客运技术和建设时速200公里以上高速铁路计划，并于当年启动"京沪高速铁路预可行性研究"，标志着发展高铁被摆上重要日程。

此时中国铁路整体技术远远落后于世界先进水平，且受限于国内外形势，难以实现技术的大规模引进，只能通过学习公开资料，借鉴国外技术，依葫芦画瓢，看着列车外形照片而非技术图纸进行模仿制造。这样研发出的动车组，参考多国原型车上的组件，一辆列车上可能出现多个国家多种形式的零部件，带来的结果是故障率高、适配性差。

随着我国国内经济状况越来越好，国际地位越来越高，低速的绿皮火车与高速的经济发展之间的矛盾越来越大。在国家政策的推动下，一些企业和高校着手在高铁线路建造技术、高速列车技术、高速列车运行控制技术等重点领域开展技术攻关工作，取得了丰硕成果。这一时期国内接触的产品和技术多而广，为科研单位和企业工程技术人员积累了丰富的经验，为后来实现跨越式发展积累了技术能力，培养了创新团队。正是在对多国技术理念的学习和模仿过程中，为技术引进时期中方研发团队迅速掌握外方技术打下了坚实的基础。

六次提速

上世纪 80 年代铁路运输受到来自公路、水运和航空的有力竞争，铁路在整个客运市场所占份额持续下滑，面临严峻的挑战。为此，从 90 年代初起，原铁道部开始对客运量大的沪宁铁路、沈大铁路、广深铁路等繁忙干线进行提速。多次成功提速提升了铁路的正面形象，给铁路运输业带来了前所未有的喜人前景，也获得了多方面的赞誉。

1997 年，京沪、京广、京哈三大干线全面提速，标志着我国铁路第一次全面大提速的正式实施。随后又在 1998 年、2000 年、2001 年和 2004 年，全国铁路先后实施了第二次至第五次全国范围内的大提速。这五次大提速线路覆盖了全国主要地区，客车平均速度提高了 30% 至 40%，特快列车最高时速从 100 公里提高到 160 公里。

2007 年 4 月，全国铁路正式实施第六次大提速，实现主要干线运营时速超过 200 公里。此次提速线路涉及京哈线、京广线、京沪线、京九线、陇海线、浙赣线、兰新线、广深线、胶济线、武九线以及宣杭线。

经过长达十几年的六次大提速，全国旅客列车平均时速由 48 公里提升到 70 公里，客运能力增长了 18% 以上，货运能力增长了 12% 以上。运输收入连年大幅增长，铁路员工待遇也在这波浪潮中有所提高，总体来说，产生了良好的经济和社会效益，为技术引进期的到来做好了准备。

2.技术引进期

时间来到 2004 年，年初国务院审议通过《中长期铁路网规划》，绘制了我国高铁发展的宏伟蓝图。按照规划内容，将加快高速铁路建设，在全国范围形成连接东西、纵贯南北的高铁大通道，并在经济发达和人口稠密的珠三角、长三角等地区建设城际铁路，形成一小时经济圈。与此同时，首次提出借助技术引进，打造中国品牌计划，快速提升现有铁路技术水平。

同年 4 月，国务院下发《研究铁路机车车辆装备有关问题的会议纪要》，为发展高速铁路计划明确了技术路线，按照高速动车组引进、消化、吸收、再创新的步骤推进。同时，原铁道部与国家发改委联合下发《时速 200 公里及以上动车组技术引进与国产化实施方案》。

"罗马不是一天建成的"，这句话同样适用于高速铁路技术。以高速动车组为例，它是尖端技术的高度集成，涉及动车组总成、车体、转向架、牵引变流器、牵引变压器、牵引电机、牵引传动控制系统、列车控制系统、列车制动系统等9大关键技术以及10项配套技术，仅零部件就有50多万个，要引进消化吸收，何谈容易？为此中国聚力引进加拿大、日本、法国和德国四家世界上最先进的高速动车组制造技术，为中国企业找来四位高水平外教，同时分班授课。按照技术引进合同规定，以20列动车组为一包，一包中包括1列原装进口原型车，2列散件进口组装，17列国产化列车。通过这样的模式分配，中方企业以原型车为模板，在外方指导下对散件进行国产化组装，并在此基础上，针对国内实际运行场景和需要，进行改造与优化，衍生开发中国高速动车组列车。

　　师傅领进门，学习靠自身。为了开展引进技术的消化、吸收和再创新工作，当时集中了国内企业、高校和科研单位的优势力量，协同工作，攻克难关。在高速动车组技术上，通过对引进列车的国产化制造和技术的本土化改造，逐步研制以日系、德系、法系、加拿大系技术为基础的和谐号1型车、2型车、5型车和3型车。

　　大规模、系统性的技术引进，拉近了中国与世界顶尖技术的差距，为中国高速铁路创新发展注入了新动力，极大地推动了中国高速铁路基础理论和关键技术研究的全面进步。

3.自主创新期

通过市场换技术，中国高速铁路技术实现了跨越式发展，又通过此后的再创新，实现了核心技术的自主化。

在这一阶段，指导性文件是 2008 年 2 月由原铁道部和科技部共同签署的《中国高速列车自主创新联合行动计划》。该计划提出在消化吸收和再创新已取得成果的基础上，进一步加大自主创新力度，突破关键技术，集成创新成果，研制新一代时速 350公里及以上的高速列车，为京沪高铁提供强力支撑；建立并完善具有自主知识产权和国际竞争力的中国高速铁路技术体系。

和谐号

此阶段自主研发和生产的时速 350 公里及以上的高速动车组为 CRH380 系列，主要车型包括 CRH380A 型、CRH380B 型、

CRH380C 型、CRH380D 型四种。它们是高新技术的系统集成，融合了交流传动技术、复合制动技术、高速转向架技术、减阻降噪技术等一系列最新科研成果，实现了众多技术创新与系统优化。以 CRH380A 型车为例，转向架是由中车青岛四方和西南交通大学联合开发的时速 300 公里以上的自主高速转向架；牵引电机由中车株洲所自主研发；其余核心设备也均由中国企业自主研发。

同时，中国建立起由系统集成、动车组、线路工程、通信信号、牵引供电、运营调度和客运服务七个子系统组成的中国高速铁路技术标准体系，以此为基础，中国成功跻身高铁技术强国，与日本、法国、德国共同参与国际高铁市场的竞争，在世界范围内推行"高铁外交"。

复兴号

中国高铁对于速度与创新的追求，从未止步。从引进、消化、吸收，到实现自主创新，在"和谐号"时代，中国高铁研发无疑取得了伟大的成功。然而，真正让中国高铁研发迈向辉煌的，则是中国标准动车组"复兴号"。

"复兴号"中国标准动车组构建了体系完整、结构合理、先进科学的高速动车组技术标准体系，标志着我国高速动车组技术全面实现自主化、标准化和系列化，极大增强了我国高铁的国际话语权和核心竞争力。

无论是运营速度，还是在安全性、舒适性、节能降耗等主要技术指标上，"复兴号"在全球都首屈一指。中国标准动车组的问世，使我国成为世界上最具实力的高铁大国之一，也为全球高铁发展树立了新的标杆。

动感号

2018 年 3 月 23 日下午，广深港高铁香港段主要工程竣工典礼在西九龙高铁站举行，香港特区行政长官林郑月娥到场主礼，在典礼现场，她为香港高铁列车揭晓命名——"动感号"，寓意香港是动感之都，香港人和香港社会经济充满活力。

"动感号"这个名字是从 1.6 万份参赛名称中经评审委员会选取出来的。"动感号"列车专指香港的高速动车组，与"和谐号""复兴号"不同，它的标示采用中英文，且"动感号"三个字采用繁体，具有明显的文化差异性。其列车车头呈流线型，银色车身，粉红色和橘红色波浪纹色带，外表看起来十分时尚又端庄。截止 2018 年底这款列车总共有 9 列，由中车四方在 CRH380A 高速动车组技术平台上为港铁量身订做，在保持其技术特色的基础上，在列车的性能上做了进一步的提升。它是中国大陆唯一一款出口型高速动车组，列车运营最高时速是 350 公里，但在广深港高铁内地段初期以时速 300 公里运行，在香港段以时速 200 公里运行。

欧盟认证

互联互通技术规范是根据欧盟法律制定和实施的强制性铁路技术要求，目的是确保列车在欧盟范围内跨国运输时相互兼容。规范覆盖了铁路机车车辆、基础设施、供电系统和指令与控制系统等各个方面，同时也规定了高速铁路列车运行控制系统必须采用的详细技术标准和规范，而证书是任何铁路产品进入欧盟国家的门槛。

在各个单位科研人员不懈努力下，喜讯不断传来。2018 年 8 月，由中国通号自主研发的高铁无线闭塞中心产品获得欧盟最新基线版本的互联互通技术规范认证证书；2018 年 12 月，中国铁道科学研究院集团有限公司自主研发的地面电子单元获得欧盟最新基线版本的互联互通技术规范认证证书；2019 年 2 月，中车通号自主研发的车载产品获得欧盟最新基线版本的互联互通技术规范认证证书。

在轨道交通领域，欧盟标准是大多数国际标准参考的来源，获得欧盟认证，不仅是拿到了轨道交通产品进入欧盟市场的入场券，也是拿到了国际市场权威的通行证，为中国高铁产品"走出去"提供了强有力的支撑。

第二章 价值优势

中国高铁发展取得了举世瞩目的成就。截止 2018 年底，中国高铁运营里程已达到 2.9 万公里，超过全世界总里程的 2/3，累计运输旅客超过 90 亿人次，成为世界上高铁里程最长、运输密度最高、运营场景最复杂的国家。

随着一条条新的高铁线路的开通，目前国内高铁运输占整个铁路运输的比重越来越高，这大大节约了运输时间，提高了运输效率，为旅客出行带来方便的同时，也产生了巨大的社会效益，其优势不言而喻。

1.中国高铁的优势

高铁与普通铁路相比，其最大的优势就在于"高速"二字。上世纪七十年代末邓小平同志访问日本乘坐日本的新干线时，曾感慨道"我们正适合坐这样的车"。当然，高铁的优势不仅仅表现在速度上，在其他方面，高铁也将它的优势表现得淋漓尽致，并且这种优势实实在在让老百姓感受到了实惠。

中国高铁相比于外国高铁的优势

虽然中国高铁的起步发展晚，但现在中国高铁在运营里程和运营经验上远超德国、法国和日本等高铁强国，运营速度和掌握的技术也可以同他们扳手腕。那么，与这些高铁强国相比，中国高铁的优势又体现在哪里呢？

中国高铁运营里程全球第一。众所周知日本是世界上第一个建设高速铁路的国家。早在 1964 年的时候，世界上第一条真正意义上的高速铁路——东海道新干线已经开通运营了，而经过几十年的发展，目前日本已运营和在建高铁里程总和却仅为三千多公里。同样的高铁大国法国，高铁发展速度也明显放缓，自 1983 年第一条高铁 TGV 东南线（巴黎至里昂，全长 417 公里）开通以来，法国已运营和在建高速铁路只有近五千公里。当然这样的数据和国家实际情况有关，比如人口和面积，实际需求不一样，高铁建设情况也不一样。

运营里程是表现一个国家高铁建设的最直观最表面的数据，除了运营里程，更具竞争力的表现是在技术层面。高速铁路作为高新技术的大集成，技术支撑才是核心关键。正如第一章中所述，我国高速铁路的技术发展经历了"三步走"的过程，以动车组为例，2007 年，中国中车旗下的青岛四方机车车辆股份有限公司从以川崎重工为主的日本企业联合体引进技术，并合作生产的时速 200–250 公里的 CRH2 A 型动车组开始在沪杭线和沪宁线投入运营；2010 年，从头到尾都由中国中车旗下的青岛四方机车车辆股份有限公司自主研发设计打造的 CRH380A 型动车组，在沪宁城际高速铁路线首次载客运营；2016 年，我国自行设计研制、拥有全面自主知识产权的中国标准动车组首次在哈大高铁上线载客运行。短短的几年时间里，从引进、消化、吸收，到正向设计，再到完全掌握自主知识产权，现在中国高铁拥有最强的系统集成技术。

除了运营里程和技术运用，中国高铁的建造成本和运营成本也占了相当大的优势。据资料统计，如今国外建设高铁每公里成本为3亿多人民币，中国只要不到2亿人民币；在运营方面中国时速350公里的高铁每小时开销为2万人民币左右，其他国家则为7万人民币左右。这在中国数万公里的高铁建设上来说，其节省的建设成本相当可观。所以体现在票价方面，中国高铁更占优势。日本的新干线被认为是世界上最昂贵的高速铁路之一，从东京到大坂短短550公里的距离，票价居然高达1.4万多日元，约为近900元人民币；无独有偶，法国的TGV高铁线是继日本新干线之后世界上第二条高铁线路，它的票价和日本新干线一样昂贵。反观中国高铁，不管是舒适度、安全性，还是速度都不逊于以上两国，但是从北京到沈阳700公里的路程，二等座票价只需200元人民币左右。

总之中国从实际出发，根据中国的国情和路情，引进国外先进技术，继而消化吸收再创新，建立了具有中国自主知识产权和中国特点的高铁技术标准体系。与国际同行相比，中国高铁不仅运营规模大，而且还具有系统技术全面、造价低、建设速度快等优势。中国已成为高铁大国、高铁强国。

高铁相比于其他交通工具

　　中国高铁的开通像是缩短了时空距离，让遥远的城市变得触手可及。近几年相继建成的高速铁路，其最高运行时速都达到300公里至350公里，正如中国工程院院士王梦恕所言，如果说隧道技术的发展是让时间和空间的缩短成为可能，那么高铁技术的成熟就是让时间和空间的缩短变为现实。中国高铁究竟有多快？从北京到上海，1318公里，2011年6月30日京沪高铁开通运营以后，北京到上海之间的时间从以前的十几个小时压缩到现在的不到五个小时；2016年12月28日沪昆高铁开通运营后，从上海到昆明的时间压缩到原来的四分之一。同样，"才饮长沙水，又食武昌鱼"已经变为现实，武汉至上海高铁的开通，让这"九省通衢"到"十里洋场"只需4个小时；"白璧黄金万户侯，宝刀骏马填山丘"，武汉到郑州每五分钟就有一趟高铁。同样的四个半小时，德国高铁行驶距离是859公里，日本新干线也只能走990公里。

　　高铁的快速、便捷和舒适给乘客出行提供了新的选择，在200到1500公里通行范围内，是汽车、普速列车和轮船、甚至飞机都无法比拟的。如今大众的消费水平提高了，人们在出行时往往会选择高铁这一相对舒适快捷的交通工具。

　　另外高铁运输能力大。由于高铁采用先进安全的列车控制系统，使得旅客列车行车间隔最小可以达到3分钟，由此列车密度增加到每小时 20 列。每列客车的载客人数也较多，以采用动力分散式列车为例，每列车定员多达 1200 至 1500 人，那么按理论计算，每小时的旅客输送量可以达到 24000 至 30000 人。两条跑道的机场每小时的吞吐能力约为 6000 人，四车道的高速公路每小时的输送能力约为 4800 人，可见高铁的运输能力只能让民用航空和高速公路等现代交通运输方式望尘莫及。高铁上线缓解了普通铁路的货运压力，也缓解了货物运输的紧张。以前普通铁路是客货混跑，客货相争，而高铁上线以后，逐渐将客货混跑的普通铁路变成以货运为主的重载专用线，提高了铁路货运效率。

在环保和低耗能方面，高铁也不遑多让。从技术上看，与传统蒸汽机车和内燃机车不同，高铁利用电能驱动，正儿八经的新能源列车，自身不产生任何废气的排放，所以在环保方面的优势很明显。而电厂发电可以使用诸如风力、水力、光能等各种清洁能源，即使是燃煤电厂，也可以建设在较偏远地区而有条件安装更大型的环保除尘装置，实现达标排放，将污染减至最低。我国虽然地大物博、资源丰富，但我国人口基数庞大，人均资源的占有量十分有限，比如我国的人均耕地面积仅是世界总体水平的 42%。高铁相比航运和公路运输，占地面积较小。修建一条双向四车道高速公路的面积是修建一条高铁面积的 1.6倍，更为夸张的是修建一个大型机场的占地面积相当于建 1000

公里复线高铁的面积，因而说高铁实现了运量大而占地面积小的目标，能够有效地节约土地资源，是世界上公认的最环保的交通方式之一。

高铁的舒适性也不容忽视，尤其在满足人性化需求上，高铁甚至比飞机做得还到位。比如，高铁几乎不晚点，掐准时间乘车即可，而国内航班的准点率不到八成；高铁座位空间比飞机和汽车都宽敞许多，这也大大提升了乘坐舒适度；高铁可携带物品重量、体积和类别限制都宽松于民航，因此旅客不用为了一点点超额行李而办理额外的托运手续；除此之外，高铁上可以使用各种电子设备，随时随地上网打电话，而飞机上大多数电子产品都必须停止使用；高铁上可以自带酒水饮料，而飞机上旅客自己的矿泉水都不允许携带……这些优势都是飞机或者汽车不可比拟的，这更突显出高铁的舒适性，能满足旅客的个性化需求。

2.中国高铁的价值

高铁不仅作为交通工具为国人带来实惠，而且作为经济杠杆推动着高铁沿线城市的发展，更伟大的是中国高铁已经走向世界，"高铁外交"正在进行！

2.1.高铁外交

近几年，"高铁外交"这个词频频出现在国际媒体报道中，尤其出现在介绍中国对外关系的报道中。2013 年 10 月到 2014 年底，李克强总理出访频繁，并在出访活动中频频提到中国高铁。这一段时间里，中国政府领导人经常有意无意地提及高铁，被中外媒体誉为中国政府"高铁外交"的小高潮。2013 年 10 月，李克强总理参加东亚领导人系列会议并出访泰国，他表示中国拥有一流的高铁建设能力和丰富的管理运营经验，中泰两国加强铁路建设合作是双赢的选择，并且同意泰国可以用大米等农产品来抵消部分项目建设费用。同月，李克强总理在北京会见澳大利亚总督布赖斯时提出既然澳大利亚正在筹建第一条高铁线路，而中国高铁具有相当的优势，两国可以在高铁修建领域开展合作。

进入2014年，李克强总理的"高铁外交"更为密集。5月份，李克强总理访问埃塞俄比亚，他表示中国计划在非洲建立高速铁路研发中心，中国还愿意积极参与非洲铁路、公路等项目建设。2014年6月，李克强总理访问英国，他表示双方已经讨论了中国参与英国连接英格兰北部与伦敦的2号高铁项目投资的可能性，并将该项计划写入《中英联合声明》。随后，李克强在会见美国议员代表团时表示，中国高铁技术已然成熟，愿积极参与美国交通基础设施升级换代工作……因此，李克强总理被誉为中国高铁"最高级别的推销员"。

其实中国的"高铁外交"早在2009年10月就已开始，当时中国与俄罗斯签署了发展高铁的备忘录。同年11月，原铁道部与美国通用电气公司签署了合作备忘录。2011年7月，中国为土耳其承建的高铁机车设备运抵伊斯坦布尔，"高铁外交"取得象征意义的突破。2012年，中国铁建公司牵头组成合包集团并获得了土耳其高铁项目二期工程全部两个标段，与此同时李克强总理在访问印度时，中印双方同意加强铁路合作，包括重载运输和车站发展等。

至今已经有数十个国家与中国就高铁项目合作达成了协议，不仅包括亚非拉国家，而且包括美国、英国等欧美发达国家。合作内容涉及技术集成、产业配套、重大装备、国际融资、国际贸易、国际关系协调等重大因素。总之，中国高铁已经迈开了"走出去"的步伐，前景广阔。

"高铁外交"建立在世界经济相互依存的基础之上，是在经济全球化背景下展开的，它和"一带一路"倡议的推动目标是一致的。中国政府重视与周边国家和地区的友好合作和相处，也在这方面着实做出了努力。而中国高铁"走出去"正是加快推动中国与周边国家"互联互通"的重要媒介。当然，"高铁外交"不仅仅关注周边国家和地区，如前所述，拉美、非洲和欧洲都在"高铁外交"的范围之内。

中国政府实行高铁"走出去"战略，在与其他国家进行技术交融的同时，尤其帮助一些内陆国家实现交通运输跨越式发展的伟大梦想，建立起相互通融相互联系的快速大通道，将为当地经济发展增添新的动力和新的竞争优势，实现地区经济更高层次的一体化发展。因而，高铁就是升级版的现代丝绸之路，在这一背景下，"高铁外交"也必将成为国际外交行动中的一个重要现象。它把中国的商品、产业、装备、文化和思想传播出去，将与中国航天、中国海洋深潜等战略高技术一道，助力中华民族的伟大复兴，推动全球文化交流，促进世界和平。

2.2.助推经济

高速铁路作为一种现代化交通运输方式，以新世纪新发明的身份横空出世，对于促进中国经济发展发挥着举足轻重的作用。

毋庸置疑高铁发展增加了就业机会，表现在几个方面。首先，高铁本身的建设、运营、维护都需要大量劳动力。例如，京沪高铁投资 2209 亿元，建设期间就创造了 114 万个就业机会；其次，高铁建设中大量生产资料的需求刺激，拉动了其他相关行业的生产活动，例如发电、钢铁冶炼、工程建造、通信技术等，这无异于促使其他行业增加了更多就业机会。当然便利的高铁交通也会吸引外资而增加无数隐性的就业机会。

其次，高铁以其高速的优势，对于经济发展起到了纽带与动脉作用。我国地域辽阔、资源分布不均，由此造成从东到西、从南到北、大范围、长距离的人员物资流动分配需要，而高铁速度快、运量大，恰好满足了这种需要，从而促进了各种资源的快速交换和配置，使区域间发展更加平衡。在过去，东部沿海地区经济发展势头好，堪称中国经济发展的中心，因而各种生产要素和资源通通向沿海地区高度集中，由此导致中国经济发展的地区不平衡，也拉大了东西之间的贫富差距。

"铁路是拉动内需的重要火车头",扩大内需是盘活经济、促进经济发展的重中之重,多年来政府为了实现增加外需向扩大内需转型的目标采取了多项重大调控措施,其中重要的一项就是把经济增长点由东部地区逐渐转移到西部地区。而高铁正好在这方面起了巨大的作用,高铁的出现使地区经济发展不平衡得到相当程度的弱化。

　　尤为明显的是,新建的高铁正式运营以后,对于沿线城市的发展具有巨大地推动作用。中国高铁穿越的大多都是工商业发达、人流密集、发展潜力巨大的大中型城市,比如京广高铁全线连接北京和广州两个一线城市,途经石家庄、郑州、武汉、长沙等城市,这些城市圈的经济因高铁的开通变得更加活跃,沿线各个城市之间的人文交流、商业贸易变得更加频繁。同时,高铁改变了沿线城市和小城镇的空间结构状况,加快了新区的建设进程,有效促进了城区的全方位发展,对于旧城中心的人口增加趋势起到了缓解作用,使中心城市和新城联合快速合理发展。

　　沿线城市逐渐形成新型的"高铁经济"经济形态,区域经济发展也迎来了"高铁时代",珠三角北移、京津冀扩容、长三角膨胀,高铁正引领着中国基础设施不断升级完善。

　　以京津地区为例,京津城际开通运营十年,累计发送旅客 2.5 亿人次,而两地全部常住人口也就 3600 万。从 2008 年的 47 对列车增加至 2018 年的 108.5 对，增幅达 130%。客流从 2008 年的旅游为主，逐渐变为 2018 年的旅游流、探亲流、商务流、上班族高度叠加。北京和天津两个城市由于高铁的联动，已经几乎实现了双城生活，两地的同城效应极大显现，北京与天津以及周边省市的互动交流、经济往来日益增多，有力助推了环渤海地区经济社会发展，使天津房地产业、物流业、旅游业、餐饮业等产业得到极大发展，大企业到天津投资不断增多。

再比如享誉世界的京沪高铁，它沿线分布着中国三大直辖市、两座省会城市和 11 座人口超过 100 万的大城市。这些地区虽然面积仅占全国的 6.5%，但人口占全国的 25.8%，而国内生产总值则占全国的 40% 以上，是中国经济发展最活跃和最具潜力的地区。全长 1318 公里的高铁贯穿中国经济最发达的环渤海和长三角两大经济圈，沿线城市受惠明显。例如，位于京沪高铁中间站的山东枣庄，借助京沪高铁开通的契机打造煤化工业园区，吸引了 30 家煤化工企业入驻，在枣庄投资达 400 多亿元，已经形成了新的产业聚集效应。此外，京沪高铁沿线很多新车站周边土地都规划为综合发展区域，涵盖一系列的办公、商业、酒店和住宅业发展等项目，为城市带来明显的增值效应。

高铁减轻其他交通系统的交通拥堵状况。虽然高铁仅用于客运，但高铁的运行可以减少负责货运和客运的传统铁路的需求压力。高铁的运行还可以减少对公路、水运和空运的需求压力。此外,高铁的出现有利于形成各个交通工具之间的良性竞争,从而提高全国所有交通工具的服务态度和出行效率。

总之,高铁发展对于经济的影响无处不在,它实现了各种资源的重新配置,加强了各城市间的信息交流、实现资源共享,促进了区域经济的发展,并且吸引了大量投资,推动低碳经济的发展,增加了就业机会,促进旅游行业发展,有效拉动了内需。

2.3.文化品牌

高铁正悄然改变着老百姓的生活!正如境外媒体所描述的:"中国正在进行的铁路革命,使多年来以幅员辽阔为特色的中国大大缩小。高铁改变的不只是距离,也改变了个人对自身局限性的认知,改变了人们对其居住的大陆的看法。"

新的工作生活理念

现在高铁出行便捷、快速,已开通运营的线路也越来越多,这大大加速了人员流动,扩大了人们的工作和生活范围,"同城化"进程到了有史以来最快速的时代。毫无疑问,高铁改变了人们的生活观念、生活习惯以及工作模式和发展理念。以前因为交通不便,人们往往是生活居住和工作在同一个地方,可是现在由高铁营造的"小时城市圈"越来越多,人们可以居住在这个城市,而工作在那个城市,因为有可能坐高铁往返于城际间的时间比大城市从城东到城西的时间还短！

以前由于交通的不便利，城市间发展有很大悬殊，很多科技人才往往选择经济发达、机会多的大城市工作，而不愿去经济发展欠佳的中小城市，这造成了小城市人才紧缺、大城市却较为饱和的局面。而如今四通八达的高铁网络缩短了城市间的时空距离，城市间发展差距逐步缩小，科技人才也愿意到中小城市去工作创业，使人力资源的科学配置与流动成为可能。

新的投资经商理念

在经济大爆炸的时代，企业异地投资风险重重，因而是否投资的考核指标多而繁，其中城际间的来往时间就是众多考核指标之一。如今，高铁网四通八达，京津、沪宁、郑西、武广、温福等高铁促成半小时、1小时、2小时、3小时等经济圈已逐渐形成，城际间的铁路交通时间大为缩短，珠三角、长三角、京津、郑西等区域的经济文化合作正在被重新定位，陕西、河南、湖南、福建等省的高铁车站周边也成了投资风向标。

新的文化旅游观念

高铁开通缩短了城市间的时空距离，影响着人们的旅游观念。不少城市随着高铁开通在沿线推出的"高铁旅游盛宴"热劲十足。京津城际是被学者研究最多的线路之一，有详细的数据表明京津城际开通运营十年来，对京津两地乃至环渤海地区的旅游业发展产生了重要的影响。乘坐京津城际铁路来津的外埠游客消费结构与以前区别很大，现在来津的游客用于购物的花费占到旅游消费的三分之一，其购物消费的水平远在京津城际列车通车运营前来津的游客之上。京津城际开通后的短短100天时间里，运送旅客450多万人次，拉动天津市场消费品零售额增长31%。仅京津城际开通后的第一个"十一"黄金周期间，利用高铁出行的旅客每日近7万人次，天津各精品旅游路线的客流量比开通前增长了3到5倍，天津市48家主要零售商销售超过17亿元，比线路开通前同期增长35%。而京津城际开通后的第一个春节，乘高铁到天津的北京及周边游客比开通前同期增长近20%。天津市免费开放的6个博物馆、纪念馆，2008年至2009年上半年，累计接待观众近400万人次，其中外地游客近80万人次，北京游客占了90%，比城际铁路开通前增加了30%。天津市的各大、小剧场演出场次、观众人数、演出收人都比京津城际开通前增长了20%。百年老店"狗不理"总店和各个分店业务量则增长了20%到50%，泥人张彩塑、杨柳青年画等传统工艺品的销量与线路开通前相比增长超过50%。

彰显文化自信

阅读，是培养个人文化素养、扩展知识储备最有效的方式之一。高铁运行安全平稳，环境温馨舒适，这些天然优势让高铁车厢被称为移动中的"图书馆"。

如果在乘车过程能够享受到阅读的快乐，将略显枯燥的旅程变为美妙的"阅读之旅"，那旅客一定十分喜欢。阅读的意义不仅在于学习，更在于交流。中国文化博大精深，不同的地域有着不同的文化，更有着不同的人群和思想。每年数以亿计的高铁"粉丝群"通过乘坐高铁将这些各具特色的文化和思想分享传播，而高铁也摇身一变成为中国文化在祖国广袤大地上传播的使者，文化交流盛宴无时无刻不在上演。

同时，中国高铁的舒适、安全已名扬海外，越来越多的外国友人被吸引着来这里体验中国速度，那么高铁带来的"阅读之旅"也正好可以带着他们一颗好奇心，去体验、去探索中国文化之博大和神秘。高铁俨然变成了一个中国文化思想的"大展柜"，不仅仅可以有"高铁阅读"，还可以有"高铁画廊"、"移动诗词会"等等。飞驰的中国高铁正在成为展现中国"文化自信"的完美平台。

近几年，常常有铁路部门借传统节日的机会传播中国文化。比如元宵节的时候，工作人员在车窗上贴满有关元宵的古诗词，还有精致的花灯和谜语悬挂两侧，烘托出浓浓的年味和节日氛围。适当的时候，主持人还会向旅客讲解元宵节的起源和各地过节的传统习俗。气氛渐浓时，工作人员还会为旅客送上提前准备的热气腾腾的元宵。灿烂悠久的中国文化搭乘高铁这辆快车不断向远方传播，这是多大的荣耀和幸福！

发行高铁纪念币

2018 年 9 月 3 日，中国人民银行发行了面额为 10 元的中国高铁普通纪念币，与现行流通人民币职能相同，可以同面额人民币等值流通。发行前夕，中国人民银行官网发布了相关信息，消息一经发布，反响热烈，预约率高达 80%，预约总量在 1.65 亿左右，形势火爆。

后来发行的高铁纪念币上印有"复兴号"的相关信息，这彰显出"复兴号"作为中国标准动车组在高铁行业的标杆地位和在高新技术领域的足够自信。纪念币是一个国家纪念国际或者本国政治历史、文化科技重大事件而发行的法定货币，这也为"复兴号"赋予了新的历史意义。高铁纪念币受到收藏者们的追捧，说明了高铁在人民心中的特殊地位。

此外，中国发布高铁纪念币，用于向全社会传播和弘扬"大国工匠"、"中国速度"的正能量，将忠诚祖国、科学求实、赶超一流、拼搏奉献的高铁精神深深印刻在每一位炎黄子孙的心中。

3.高铁精神

1964 年 10 月 1 日，第 18 届夏季奥林匹克运动会前夕，日本东海道新干线首发了第一趟"光号"动车组，动车从东京开往大阪，全程 515 公里。运营速度为时速 210 公里，最高时速 270 公里，东京到大阪的旅行时间从 6.5 小时缩短到 4 小时。

高速动车组的横空出世，犹如石破天惊。历史注定让 1964 年 10 月 1 日成为一个划时代的分界点，整个世界被 1964 年截然分割为前高铁时代和高铁时代。"新干线"的开通像普罗米修斯向人间播撒了火种，从此开启了延续至今、依然如火如荼的高铁新时代。

历史总是惊人的相似。44 年之后，2008 年 8 月 1 日，第 29 届夏季奥林匹克运动会前夕，中国第一条时速 350 公里的高铁线——京津城际开通运营。北京至天津，全程 120 公里，运行

30 分钟。

中国高铁经历过追赶、经历过大发展、经历过事故、经历过质疑、经历过降速、经历过再提速……多少次失败，多少次误入歧途，多少次柳暗花明。历经沧桑，曲折前行，奋发崛起，越战越勇，昂首阔步，通过一次次的技术革新和攻关，终于以其安全、高速、舒适等元素糅合奏出了时代最强音，傲然挺立在世界最前沿。之所以能霸气崛起，是因为有一种高铁精神深深印刻在了每一位铁路人的心中！

2018 年 3 月，纪录片《厉害了，我的国》在全国各大影院热播。影片展现了改革开放以来我国取得的社会主义建设辉煌成就。90 分钟的影片，高铁刷屏 4 分钟，场面震撼恢弘，惊艳不俗。高铁车轮滚动出壮美的中国画卷，也滚动出波澜壮阔的发展蓝图。

高铁作为中国桥、中国路、中国车、中国港、中国网等超级工程之一，取得了与航空航天、深海探索等工程同样举世瞩目的辉煌成就，其背后是千万铁路人孜孜以求的高铁精神，它是科学求实、相容并蓄；自主创新、赶超一流；忠诚祖国、拼搏奉献的大国工匠精神，也是"交通强国，铁路先行"的底气和使命，更是"人民铁路为人民"服务宗旨的具体体现。相信有这样的高铁精神在，中国高铁一定还会谱写更华美的篇章！

4.发展特点

中国这个东方大国，其文明璀璨而独特，五千年的发展史也是离奇曲折，是其他文明难以复制的。如出一辙的是，中国高铁的发展也是特点鲜明，以至于其他国家都难以复制中国的成功经验。

中国发展高铁的特点表现在供给侧和需求侧两个方面。

在供给侧方面，首先，中国土地归集体所有，在需要修建高铁时，国家可以行使其所有权，在很短的时间内征集到大量建设用地。其次，高铁建设需要规模巨大的资金支持，而代表中国金融界最雄厚资本和实力的工、农、建、交、中五大行都是综合性的国有商业银行，可以迅速为高铁建设提供资金支持。最后，中国高铁建设速度快，工期短，很容易产生比其他国家更大更快的经济效率。

在需求侧方面，首先，中国有庞大的人口基数，又在最近的十几年里，经历了经济高速增长，选择高铁出行的人群日益增多，在热门线路，不仅二等座，连一等座甚至商务座也一票难求。其次，中国东部地区经济发达，旅客和各种资源流动频繁，尤其是京沪线上的乘客数量规模巨大，增长速度惊人。即使不计算附加的经济贡献，一些主要线路的投资也已经收回成本。就算在西部地区，任何一条高铁线路开通，都不会缺乏乘客。对于偏远线路，就算短期内无法实现传统意义上的利润，长期来看，有非常好的经济回报前景。最后，中国发展高铁，是从战略高度出发，并不期望每条线路都实现盈利，而是希望通过高铁交通，带动东西部平衡发展，打破落后地区的发展瓶颈，使各种生产要素的发展潜力在全国范围内都能充分体现出来。

高铁发展是中国特色社会主义建设时期的重要战略计划，其发展形势也无不体现出社会主义的制度特色和优势，也正因为这样，中国高铁发展才能乘风破浪、势头渐盛。

5.高铁展览

中国高铁经过十多年的发展，已然成为大国利器，它体现的不仅仅是普通交通工具的进步，更是一个国家科技进步和综合国力的象征。近年来，各种高铁展览层出不穷，展览向普通老百姓和国内外友人揭开高铁的神秘面纱。

各种展览主旨不一、特点不同，但一般都是将展览艺术与展示内容有机结合，通过图片、视频、互动模拟等多种形式，使公众通过眼观、耳听、互动参与，获得更丰富的观展体验。高铁展览是普通百姓了解高铁的窗口，通过这个窗口，老百姓在亲身经历乘坐高铁以外，可以更加近距离感受高铁的温度和力量。当然高铁展览不仅是百姓了解高铁本身的窗口，还是彰显高铁大国自信力、表现高铁发展决心的窗口。尤其是异国参展，更是如此。另外高铁展览通常邀请多方参与，涉及高铁技术的各个方面。展览上众多大咖各显神通，各种技术相互交流融合，在互相学习的基础上，往往还会产生新的合作机会。

5.1.技术装备展

技术装备展即中国国际现代化铁路技术装备展，是中国铁路总公司批准的中国铁路行业唯一的国际大型技术装备展览会。从 1992 年至今，该展会已成功举办 14 届。随着经验不断丰富，展览会规模不断扩大、展商数量和专业观众数量不断增加、展览水平不断提高，现已成为铁路行业知名的、具有较大影响力的国际展会，越来越多的铁路设备厂商选择该展会作为宣传企业形象、拓展铁路市场的窗口。

最近的一届即第十四届展会是在 2017 年 10 月举行的，当时由中国铁道科学研究院和中国国际贸易中心股份有限公司共同在上海展览中心举办。会展展览面积达到 2.1 万平方米，包括中国、加拿大、德国、美国、荷兰、法国、奥地利、瑞士、意大利、印度、香港、台湾等 12 个国家和地区的 243 家参展商携带最能代表其科技力量的最新技术及产品参加了展会。从 10 月 26 日到 29 日，为期 4 天的展览中，参观该次展会的多达四万余人次，创下了历史新高。

展览期间中国铁路总公司举办多场论坛，行业内大咖云集，深入浅出地畅谈"智能铁路""铁路新技术"等热门主题。更是邀请到国内外著名专家在论坛上致辞，共同分享铁路发展观点、共同绘制铁路发展蓝图。论坛开办期间，有两千多名观众听取了演讲，收获颇丰。

为了让更多的普通百姓关注、了解、热爱铁路，展会期间还例行举办了多场面向普通公众的高铁科普讲座，每届的主题内容不同，范围涉及到中国铁路发展、世界铁路发展、中国铁路收藏、车迷有约等活动。这次展会还邀请了国内外媒体记者、展商代表、观众代表等共 50 余人赴上海铁路局动车段进行技术观摩，了解中国高速动车组检修流程和工作人员的工作状态，体会中国高铁安全运营的强大技术保障，并试乘"复兴号"，体验"中国速度"。

下一届展会定于 2019 年 11 月 20 日至 22 日在上海展览中心举办，将继续展示中国铁路近几年在建设和技术装备等方面取得的成果，促进国内外铁路技术交流与合作，服务中国铁路科技创新和"走出去"战略。

5.2.科技创新展

2018 年 12 月 24 日上午，中国铁路科技创新成就展在北京国家铁道试验中心开幕，一大批中国自主研发的先进铁路技术装备集中展出，尤其是多款"复兴号"新型动车组首次公开亮相，让观众大饱眼福，如时速 350 公里 17 辆长编组、时速 250 公里

8辆编组、时速160公里动力集中动车组等。

室外展区

展览的室外展区，一列列先进的高铁动车组、检测车和大功率机车纷纷亮相、气势恢宏，彰显了大国重器的崭新形象。

目前，我国投入运营的"复兴号"动车组，有8辆短编组和16辆长编组两个版本。而CR400AF-B型动车组全长439.8米，堪称超长版的"复兴号"。超长版"复兴号"，是在原有16辆长编组"复兴号"的基础上再增加一节车厢，使全列扩编至17辆编组，型号定为CR400AF-B。这样，时速350公里"复兴号"动车组，有了8辆编组（CR400AF）、16辆编组 (CR400AF-A) 和17辆编组 (CR400AF-B) 三个版本。

和谐号CRH6F型城际动车组作为中国中车全力打造的为满足我国区域经济快速发展和城市群崛起需求的一种新型运输工具，采用3辆、4辆、6辆、8辆、16辆、20辆编组，根据运输距离、站点和乘客群的不同，该系列动车组分为时速200公里、时速160公里和时速140公里三种速度级，均为动力分散、交-直-交传动电动车组，采用轻量化车体、大轴重转向架、变频变压牵引控制、电空复合制动等核心技术，具有运能大、起停速度快、乘降方便快速、疏通迅捷有效、乘坐舒适、安全可靠、节能环保的特点，能很好地适应大站停及站站停等不同运营模式。

室内展区

除了琳琅满目的室外展区，本次展览还有精彩的室内展厅。室内展厅通过图像画面、模型、视频等形式，从不同角度生动展示了中国铁路技术创新成果，包括从铁路工程建设、技术装备，到运营管理、安全风险防控，再到信息化、智能化技术等多个领域。

5.3.改革动车展

2018 年 11 月 13 日，"伟大的变革——庆祝改革开放 40 周年大型展览"在中国国家博物馆开幕。展览设置了伟大的变革、壮美篇章、关键抉择、历史巨变、大国气象和面向未来六个主题内容展区，突出展示改革开放 40 年来人民群众生产生活发生的巨大变迁。

"大国气象"主题展区的"基础设施建设突飞猛进"部分，突出展现了改革开放 40 年来基础设施建设取得的历史性成就。而这一展区，第一个映入观众眼帘的，便是《新时代的中国高铁》宣传片。

"风雨无阻，陪伴温馨旅途；

穿山越岭，助力逐梦飞翔；

世界小了、梦想大了；

家人近了、乡愁浓了。"

一句句振奋人心的话语、一幕幕走入心坎的温馨画面……

图1　和谐号动车组模型

同时这一展区还设置了"复兴号"动车组模拟驾驶平台，在这里，观众不仅能了解复兴号的前世今生，还能亲自"开"一把"复兴号"。

除了动车组模拟驾驶平台，展区里还展出了多辆动车组和其他列车模型，吸引着无数观众驻足观赏。

另外，除了"基础设施建设突飞猛进"展区，其他展区也可以找到"隐藏"着的铁路元素。

图2　邮票展区的铁路元素

　　在祖国广袤的大地上，2.9 万公里钢铁大动脉正在强劲脉动；而每一幅展画、每一个模拟列车背后，展现出的正是跨越田野阡陌、通达四面八方的中国速度。

第三章 组织架构

高铁运行停车、开门、上车、关门、启动这一连贯的流程看起来简单易行，实际上它背后蕴藏着极为科学的系统集成，它的发展成果是集体智慧的结晶，它离不开国家政策的扶持和引导，离不开各级铁路部门辛苦的管理和运营，离不开无数科研人员和工程人员的默默奉献……是他们各出其力又团结配合才让我们的国家摇身一变成为高铁大国和高铁强国。我们应该记住他们——以国家发改委以及交通运输部为代表的政府组织，以国家铁路局和中国铁路总公司为代表的铁路部门，以中国铁道科学研究院、北京交通大学、同济大学等为代表的科研力量，以中国铁路工程集团有限公司和中国中车股份有限公司为代表的企业组织等等，中国高铁之所以能够走向世界、造福人类，离不开他们的支持与贡献。

1.政府组织

对高铁发展有重要贡献的政府组织毫无疑问当属国家发改委和交通运输部了，两部门在拟订和审批铁路发展的战略性规划和报告上贡献卓越。

国家发改委

发改委全称为中华人民共和国国家发展和改革委员会，是国务院的职能机构之一，它的前身是国家计划委员会。它的职责除了要综合研究拟订经济和社会发展政策，进行总量平衡，指导总体经济改革，起一个宏观调控的作用外，还要对国家重大项目比如高铁建设进行审批。

从京沪高铁的建设中，可以窥见发改委的作用。1990年，原铁道部完成了《京沪高速铁路线路方案构想报告》，1996年完成了《京沪高速铁路预可行性研究报告》，而一直到 2006 年 3 月，国家发改委才批准京沪高铁项目立项并开始进行可行性研究，2007 年 10 月，发改委批复京沪高铁可行性研究报告，至此修建京沪高铁的政策性程序才算完成，并于 2008 年 4 月全线开工建设。长达十六年的不断研究和批复中，国家发改委起到了最后的拍板作用！

交通运输部

同样作为政府组织的交通运输部，它的政策影响到整个国家的交通运输方方面面。现在的交通运输部是在原交通部的基础上几经变革而来的，与原交通部的一个很大的区别是，现交通运输部改革后纳入了原铁道部的部分职责，比如新的交通运输部需要承担拟订铁路发展的规划和政策，起草综合交通运输相关的法律法规和草案，并参与铁路投融资体制改革和有关政策拟订工作。

高铁发展历程中提到的《中长期铁路网规划》，就是由交通运输部牵头中国铁路总公司制定并发布的。最新的《规划》期限为 2016-2025 年，远期展望到 2030 年，勾画了新时期"八纵八横"高速铁路网的宏大蓝图，指导与此相关的单位协同工作，朝一个方向努力。也就是说，规划文件就是接下来近十五年铁路发展的指引明灯，如果没有这次规划，高铁发展就失去了明确的方向。

2.铁路部门

2013 年以前，中国铁路的规划、修建、运营和管理全部由原铁道部负责。2013 年 3 月，根据第十二届全国人民代表大会第一次会议审议的《国务院关于提请审议国务院机构改革和职能转变方案》的议案，原铁道部实行铁路政企分开，组建成立了国家铁路局，由交通运输部管理，承担原铁道部除拟订铁路规划和政策以外的行政职责；组建中国铁路总公司，承担原铁道部的企业职责。从此，铁道部成为了一个历史部门。

至此，国家铁路局和中国铁路总公司各司其职，共同推动中国铁路的发展。

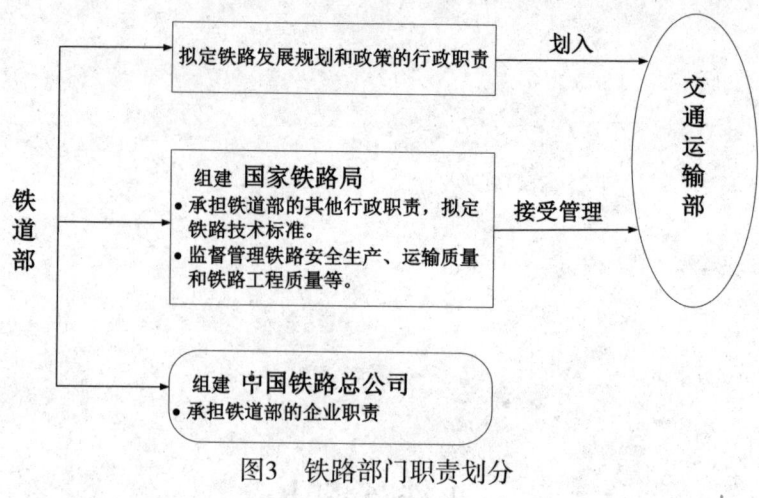

图3　铁路部门职责划分

国家铁路局

国家铁路局是在 2013 年原铁道部拆分后，由原铁道部的部分机构改名后整合设置的，于 2014 年 1 月挂牌成立。

作为交通运输部的下属机构，国家铁路局的主要职责有：起草铁路监督管理的法律法规、规章草案，参与研究铁路发展规划、政策和体制改革工作，组织拟订铁路技术标准并监督实施；负责铁路安全生产监督管理，制定铁路运输安全、工程质量安全和设备质量安全监督管理办法并组织实施；组织或参与铁路生产安全事故调查处理；负责拟订规范铁路运输和工程建设市场秩序政策措施并组织实施；监督铁路运输服务质量和铁路企业承担国家规定的公益性运输任务等等。

国家铁路局职责的一个重中之重就是监督监察，这一点从它的内设机构分布上也不难看出。国家铁路局的八个内设机构里，除了综合司（外事司）、人事司和直属机关党委外，剩下的五个机构分别为科技与法制司、安全监察司、运输监督管理司、工程监督管理司、设备监督管理司。同时，国家铁路局还在沈阳、上海、广州、成都、武汉、西安、兰州这7个地区分别设立了铁路监督管理局，负责辖区内铁路监督管理工作。

中国铁路总公司

2013年原铁道部实行政企分开，中国铁路总公司顺势成立，作为铁路运输最直接实施者的各机构的上级管理单位，中国铁路总公司负责统一调度指挥铁路运输，确保铁路运营秩序和安全，确保完成重要运输任务。企业目标为不断提高管理水平，为人民群众提供安全、便捷、优质的服务。中国铁路总公司成立以后以央企性质存在，作为一家大型央企，其首要目的就是通过领导和指挥实施全路的铁路运输工作来实现盈利。

根据《中国铁路总公司章程》，中国铁路总公司机关设置包括办公厅、发展和改革部、客运部、货运部、工电部、机辆部等在内的25个内设机构；下设北京、上海、武汉、西安等18个铁路局集团有限公司；另外中国铁路总公司还管理一些与铁路发展有重要关系的企业，如中铁集装箱运输有限责任公司、中国铁道科学研究院集团有限公司和中国铁道出版社有限公司等。

不同的下设机构有不同的职能，对铁路安全高效运输乃至于对高铁发展所起的作用也是不一样的。

中国铁路总公司下属的发展和改革部，它的主要职责是负责研究总公司发展战略、规划、重大改革，也负责总公司固定资产投资规划等工作；科技和信息化部主要负责总公司科研、技术、标准管理以及信息化建设管理等工作，像提出总公司科技发展、信息化规划，编制总公司科技研究开发计划等这些工作都由科技和信息化部负责；工电部主要负责铁路工务（含轨道、路基、桥涵、隧道）、电务（含信号、通信）、供电（含接触网、变电、电力、给水、远动自动化）、房建设备以及相关特种设备等设施设备的运用、维护的规章制度建设、安全管理等工作。

不得不提的是分布于全国的18个铁路局集团公司，它们下属的各机构和人员是铁路运输最直接的操作者和管理者。按照上级单位中国铁路总公司的要求和规定，各铁路局需要贯彻执行铁路总公司的命令指示及有关规章标准，正确编制和执行运输方案。比如要编制动车工作方案及动车周转图，经济合理使用动车，同时要将动车运用计划，按年、季度、月度分配下达动车段，并组织实施；负责乘务员的配备及使用，审批乘务员补充、培训和司机晋升计划等。

3.科研院所

科技是第一生产力，高铁发展离不开科学技术的研究和运用。为了支持高铁发展战略，包括 20 多家国内顶级高校、50 多家重点实验室和创新能力平台以及 500 多家配套企业在内，中国铁路总公司以全国最优秀的科技和创新力量为支撑，从基础材料到控制，从电子到化工，从机械到信息，在所有涉及的领域开展了高度组织化的创新和攻克，为"全面地、系统化地、一个角落都不遗漏地"研究和建设高铁贡献自己的智慧和力量。

北京交通大学、西南交通大学、浙江大学、中南大学和中国铁道科学研究院集团有限公司是这些科研力量的杰出代表。

北京交通大学

在高铁建设过程中，北京交通大学构建了轨道交通控制与安全国家重点实验室、轨道交通运行控制系统国家工程研究中心、高速铁路系统实验国家工程实验室等46个国家和省部级科研平台，以及面向高速铁路控制的无线移动通信系统研究等5个教育部创新团队，为我国高铁发展和轨道交通科技创新作出了重要贡献。

其中轨道交通控制与安全国家重点实验室，是我国目前唯一以列车控制与安全为主要研究对象的国家重点实验室。该实验室围绕高速铁路和城市轨道交通列车运行控制和保证列车运行安全，开展基础理论和应用研究，形成了轨道交通流分析与控制理论、轨道交通安全保障与运输组织理论及关键技术、轨道交通运行控制系统分析与集成和轨道交通专用移动通信理论与关键技术这四个研究方向。实验室在轨道交通控制与安全基础理论和关键技术研究方面已取得了多项重要成果，为青藏铁路、大秦重载铁路、高速铁路及城市轨道交通的建设与安全运营做出了突出贡献，数次获得国家科技进步大奖。经过多年建设，不仅取得了一批在国内外具有重要影响的研究成果，形成了鲜明的研究特色，具备了良好的研究条件，而且培养了一大批优秀的高铁人才。

与此同时，北京交通大学还积极服务国家高铁"走出去"战略的实施，配合商务部、外交部、铁路总公司，开展了泰国、印度、蒙古等国家高铁储备人才培训，配合政府部门援助印度、蒙古以及非洲部分国家相关大学和铁道学院的建设。

西南交通大学

西南交通大学校长徐飞曾说："从某种意义上说，中国的高铁等于西南交通大学！"这句话毫不夸张，西南交通大学是为高铁发展做出卓越贡献的另一位重量级著名高校，它的前身是1896年创立的山海关北洋铁路官学堂，一百多年来，几经更名异地，却始终秉持"灌输文化尚交通""文轨车书郅大同"的办学理想，为中国科技强盛尤其为铁路发展孜孜不倦地贡献着自己的力量。

作为支撑中国高铁发展科研力量的中流砥柱，西南交通大学拥有众多重量级实验室，著名的牵引动力国家重点实验室就是其中之一。

依托西南交通大学建设的牵引动力国家重点实验室研究方向涉及线路桥梁动力学、弓网关系、轮轨关系、强度疲劳、降噪控制等多方面。研究成果颇丰，先后产生了"沈氏理论""翟-孙模型""翟方法"等享誉中外的理论成果，还搭建完成了第一个载人高温超导磁悬浮环形实验线，用较短时间实现了轨道交通从理论到实践的跨越；率先提出车辆—轨道耦合动力学理论……成立近三十年来，该实验室与中国铁路发展朝夕相伴，从理论分析到试验验证，每一种高铁车型都要在这里测试、定型，这里也成为著名的高铁技术研发和人才精英培养基地。

浙江大学

在参与高铁建设的过程中，浙江大学也是佼佼者之一。多年来，浙大集聚了一大批国内优势学科和优秀科研力量，尤其在电力牵引、工程力学、信息工程、路基桥梁隧道和材料等领域科研优势明显。2009年浙大与原铁道部运输局合作共建了浙江大学高速铁路研究中心，该中心建立了牵引与电力研究平台、信息工程研究平台和工程力学研究平台，并利用这三个研究平台对高速铁路项目的关键技术和重大难点进行集中系统的分析研究。除此之外，浙大还组建了由6位院士、50余名教授领衔的最强大脑研究团队，针对国家高技术战略发展的需求，专攻永磁牵引传动系统等方面，并取得了重要成果。

中南大学

高速铁路建造技术国家工程实验室坐落于中南大学，是在原铁道部的主管下，由中南大学、中国铁路工程总公司、中国铁道科学研究院集团有限公司和中国铁路设计集团有限公司联合建设，是十大国家级轨道交通工程实验室之一。

高速铁路建造技术国家工程实验室下设五个分实验室，分别进行高速铁路线桥隧静力研究、高速铁路线桥隧动力学研究、先进工程材料与耐久性研究、高速铁路建造数字信息研究和高速铁路建造先进装备研究。实验室与京津城际同时诞生，共同发展，目前成果喜人，已建设成特色突出、装备先进、管理科学的国内领先、国际一流的高速铁路建造技术研发机构，并成为我国高速铁路建造领域应用基础理论研究、共性关键技术及先进装备研发的创新平台和技术辐射中心，以及人才培养与培训、国际交流的重要基地。

中南大学另外一个实验室也为高铁发展立下了汗马功劳，它就是著名的中南大学轨道交通安全重点实验室，该实验室拥有世界一流的设备和科研团队，立足于解决空气动力制约高速铁路发展、大风热及行车安全、列车碰撞造成重大伤亡等难题，历经20多年建设发展，长期奋战在高寒、高原、大风等恶劣环境，建成了国际唯一实际运营轨道车辆撞击测力试验系统，为铁路提速做出了重要贡献。

中国铁道科学研究院集团有限公司

走进北京市海淀区大柳树路2号，沿着一条长长的林荫道，路过足球场和篮球场，走到头右拐，进入一条小巷。一台旧式蒸汽机车映入眼帘，一段京张铁路老钢轨卧伏它身旁，与它一起诉说着往日的荣光。这个闹中取静的地方便是中国铁道科学研究院集团有限公司的文化园，公司简称铁科院，于上世纪50

年代初国家百废待兴之际成立，首任院长由当时的北京交通大学校长茅以升兼任，地理位置也与交大一墙之隔，是中国铁路唯一的多学科、多专业的综合性研究机构。经过几十年的发展，铁科院下设机车车辆研究所、铁道建筑研究所、通信信号研究所等17个单位，建设有5个国家级实验室，装备有各类专业实验室40余个。

作为中国铁路行业科研机构的中坚力量，铁科院为我国高速铁路的发展做出了卓越贡献。由铁科院承担的"中国标准高速动车组及高铁关键装备研发试验工程建设项目"试验设备设施建设任务，对于加快掌握高速铁路动车组及关键装备核心技术、全面提升高铁装备自主化水平意义重大。另外，开展的动车组车轮自主创新成果装车考核、动车组列控系统工程化研究、动车组加装 Wi-Fi 项目、综合站区减振降噪技术方案研究、高速度铁路关键技术标准研究等重大项目取得积极进展。至 2018 年底，铁科院先后取得的科研成果多达 3300 多项，先后获得 825 项各类科技成果奖，其中国家级科技奖 176 项，省、部级科技奖 649 项。

不得不提的是铁科院下属的著名试验基地——环形铁道试验基地。它是国家铁道试验中心，始建于 1956 年，占地面积 146.4 公顷，位于北京市朝阳区酒仙桥北路 1 号，是我国唯一的铁路机车车辆、铁道建筑、铁道电气化、通信信号、客货运输、特种运输、行车安全等多学科的综合性科研试验基地。

图4　环形铁道试验基地

环行铁道试验基地从高空俯视像两个大圆环，实质上它由内、外两个环线及站场线路组成，线路总长达到38公里。环形铁道试验基地可以开展与铁路有关的多种实验和展览，例如铁路系统静态或准静态调试、开展时速200公里以下速度的研究性试验和可靠性试验、以及各系统的接口试验等等。环形铁道实验基地承担的最重要工作是对铁路车辆、城市轨道交通车辆、基建设施、通信信号、电气化技术等多方面进行全面测试，所有新型铁路车辆在出厂后均需要到试验基地进行性能及安全鉴定。

环行试验线自开通以来，已完成各项试验项目以及国际合作项目等共计700余项。自20世纪90年代以来，先后完成了旅客列车扩大编组试验、货物列车万吨牵引试验、广深线准高速试验、客车提速试验、青藏高原铁路客车试验、全路六次大提速试验，以及各型高速列车动车组调试试验等重大综合试验项目。试验中心为铁路科研试验提供了良好的试验环境，为形成我国铁道技术标准体系提供了有力保障，促进了全路新技术设备的竞争与发展，开创了我国铁路史上的新篇章。

除此之外还有清华大学、北京科技大学等高校，中国铁路设计集团有限公司等科研单位，纷纷为中国高铁建设提供人才和技术等方面的支持，为中国高铁的发展提供了有力的人才和技术保障。

4.高新企业

除了各科研院所的力量，中国高铁发展也离不开高科技企业的贡献，其中不得不提的是铁路领域中无处不在、无所不能的中国中铁、中国中车、中国通号和中国铁物。

中国中铁

中国铁路工程集团有限公司简称中国中铁，总部位于北京，其前身是成立于1950年3月的原铁道部工程总局和设计总局。作为中央特大型骨干企业，中国中铁功能众多，涉及基建建设、勘察设计与咨询服务、工程设备和零部件制造、房地产开发、铁路和公路投资及运营、矿产资源开发、物资贸易等多个行业。所以中铁也被称为中国乃至于亚洲最大的多功能综合型建设集团，它拥有五十多个控股子公司，像常见的中铁一局集团有限公司、中铁二局集团有限公司、中铁大桥局集团有限公司等都是它的控股子公司。

中国中铁拥有四个博士后工作站和几十家科研中心，著名的盾构及掘进技术国家重点实验室是中铁旗下的众多科研力量之一。除此之外，中铁还先后组建了桥梁、隧道、电气化、先进工程材料、轨道和施工装备6个专业研发中心为高铁发展保驾护航。

根据中国中铁官方资料统计，自成立以来已成功参与100多条铁路的建设，承建的新建、扩建和改建的铁路总里程超过五万多公里，占中国铁路总运营里程的三分之二以上，其中电气化铁路超过两万多公里，约占国内电气化铁路总运营里程的95%，这其中就包括著名的青藏铁路、大秦铁路、成昆铁路和京九铁路等。中国中铁还是中国铁路桥梁和隧道建设行业的领军企业之一，尤其擅长建设复杂铁路特大桥，在中国市场占有主导地位，在国内建成的铁路桥（含公铁两用桥）总里程超过2700多公里，铁路隧道超过2800多公里。另外，铁路通信和信号系统也有中国中铁的身影，包括北京火车站、南京火车站和拉萨火车站等在内的多个大型火车站也都是中铁所承建的，可以说中铁之强大力量无处不在。

中国中车

中国中车股份有限公司简称中国中车，是2015年经国务院同意和国资委批准，由原中国北车股份有限公司和原中国南车股份有限公司按照对等原则合并组建，承继了原中国北车股份有限公司和原中国南车股份有限公司的全部业务和资产，现有46家全资及控股子公司，员工17万余人，总部设在北京，是全球规模最大、品种最全、技术领先的轨道交通装备供应商。主要经营的业务有铁路机车车辆、动车组、城市轨道交通车辆、工程机械、各类机电设备、电子设备及零部件、电子电器及环保设备产品的研发、设计、制造、修理、销售、租赁与技术服务、信息咨询、实业投资与管理、资产管理、进出口等业务。

中国中车拥有多样化、系列化的产品结构，如内燃动车组、普通铁路客车、高速电动车组等。每个系列又有多重车型，如内燃动车组包括动力分散和动力集中型动车，代表产品有阿根廷内燃动车组、突尼斯内燃动车组、马来西亚内燃动车组等；普通铁路客车产品包括时速120公里、140公里和160公里速度等级的系列化铁路客车，代表产品有25B型、25G型、25K、25T型、特种铁路客车以及出口铁路客车等；最受关注的可能就是动车组了，中国中车制造的高速电动车组产品包括时速250公里和时速350公里速度等级的系列化动车组，代表产品有CRH1、CRH2、CRH3、CRH5型动车组和中国标准化动车组等。

目前，中国中车制造的不同系列的列车满足了国内铁路发展的需求，成为以轨道交通装备为核心，全球领先、跨国经营的一流企业集团，是中国铁路和高铁发展的必备元素，而且还出口海外，真正做到了连接世界、造福人类。

中国通号

中国铁路通信信号集团（股份）有限公司，简称中国通号，作为国务院国资委直接监管的大型中央企业，其是以轨道交通控制技术为特色的高科技产业集团，也是全球最大的轨道交通控制系统提供商。中国通号拥有轨道交通控制系统设计研发、设备制造及工程服务于一体的完整产业链，是中国轨道交通控制系统设备制式、技术标准及产品标准的归口单位。

中国通号是保障国家轨道交通安全运营的核心企业，是我国高铁列控系统技术民族产业的代表者，是我国高铁最核心技术引领全球铁路行业进步的佼佼者。中国通号研发的列控技术为我国 13.1 万公里铁路、2.9 万公里高铁提供安全保障，建立完善了 3 万多个高铁测试案例，超过国外跨国企业的总和，是我国高铁建设运营的突出优势和世界轨道交通行业的宝贵财富。后文中介绍的中国通号研发的时速 200 公里和 350 公里高铁自动驾驶技术，将我国高铁列车运行控制系统技术推向世界领先行列。

作为中国高铁建设的国家队和主力军，中国通号先后参与了我国京津城际、京沪高铁、武广高铁、哈大高铁、兰新高铁等国内全部重大高铁项目建设。在时速 300 公里以上高铁中，中国通号列控系统核心设备市场占有率超过 9 成。在城市轨道交通领域，先后参与北京、上海、广州、深圳、天津、南京、武汉等 20 多个城市的 100 余条地铁项目，市场占有率超过 6 成。

同时，作为中国高铁"走出去"联盟的重要一员，中国通号广泛参与印尼雅万高铁、中泰铁路、匈塞铁路、莫斯科至喀山高铁等 10 多个国家和地区的高铁项目，努力将中国标准的列控系统输出海外。

中国铁物

中国铁路物资集团有限公司，简称中国铁物，又称中铁物资，是国务院国资委直接监管的大型中央企业。它被业内称为中国铁路"总后勤部"，是我国规模最大、服务能力最强、专业经验最丰富、行业领先的铁路生产性服务综合提供商。集团公司总部设在北京，在全国及美国、澳大利亚、香港、老挝等国家和地区拥有 100 多家分支机构。

中国铁物源于 1887 年设立的中国铁路公司塘沽材料处，距今已有 130 多年历史。在各个历史时期，中国铁物都承担着全国铁路战略物资供应与管理工作，经营范围主要围绕国内外铁路运营、装备制造、建设施工，涉及铁路油品、轨道、装备、铁建、工业、物流、国际及相关多元领域，涵盖与之相关的物资设备供应管理、质量监控、研发制造、运营维护、招标代理、国际贸易、物流服务、信息咨询、融资租赁等业务形态。

中国铁物是全国"唯一"的铁路用油供应商、大维修钢轨供应商、铁路线路产品质量监督商，也是全国乃至全球"第一"的铁路物资供应商、铁路物资招标代理商，拥有"独一"的铁路线路全寿命管理系统、高速铁路打磨技术、轮轨保护技术。历经百年传承，中国铁物已经成为具有高科技含量、强比较优势的专业化铁路生产性综合服务企业，其经营网点与整个铁路建设和运营网络高度契合、基础数据高度共享、业务资产相互关联，深度融入铁路产业经济循环。

中国高铁经过短短十余年的发展，走完了国际高铁发展50年的路程，创造了一个又一个世界奇迹，然而这些奇迹的创造跟高铁高新技术的集成一样，是很多部门、方方面面的资源合力的结果，没有他们，就没有中国现在的高铁。

第四章 规划展望

铁路作为国家重要的基础设施，是国民经济大动脉和重要的民生工程，在统筹城乡和区域发展中肩负重大责任，其发展是民之所需，是稳增长、调结构，增加有效投资，扩大消费，既利当前又惠长远的重大举措。高铁的出现，更是改变了传统运输结构以及"经济地理"形态，其运输量占铁路运输的一半，已然成为铁路运输的中流砥柱。大力发展高铁，对于我国这样一个幅员辽阔、人口众多、资源相对有限且处于全面建成小康社会决胜阶段的发展中大国而言，符合时代发展潮流和趋势，可以在不断提高运输效率、进一步满足各种资源运输需求的同时，更好的促进经济发展，更好的改善民生。

交通运输固然是国民经济活动的重要组成部分，但是它给经济带来巨大利益的同时，也对生态环境造成了严重的威胁。唯一的出路是提高运输系统的效率，降低对各种资源的耗用，减少运输活动对环境的各种污染。高铁具有大能力、高速度、全天候、低能耗、少排放等这些优点，这种环境友好型交通工具不仅快速、便捷、高效，也减少了环境污染，对于我国建立资源节约型和环境友好型的发展模式具有特殊意义，也有助于优化我国综合交通运输体系结构，旨在为14亿中国人提供更优质的出行服务。

十年间，高铁线路遍布全国，火车出行也变得跟公交、小轿车、地铁一样便利。至2018年末，以"四纵四横"为主骨架的高速铁路网基本形成。中国的高铁建设被誉为是中国经济发展的奇迹，频频刷新世界纪录，从引进技术到领先全球，中国高铁不仅获得了国人点赞，也赢得了世界目光。

尽管高铁的飞速发展已经取得众多成绩，但也要意识到我国铁路按照国土面积和人口总量计算的覆盖密度仍处于较低水平。特别是广袤的中西部地区，铁路资源相对更加匮乏。因此国内铁路发展，尤其高铁发展仍然存在巨大空间。

1.八纵八横

面对未来高铁发展，老百姓更关注的是这两个问题，未来中国高铁修建到哪儿？什么时候修到我家门口？针对这两个问题，2016年发布的《中长期铁路网规划》给出了详尽的解答。

2016年7月，国家发改委、交通运输部和中国铁路总公司联合发布了《中长期铁路网规划》，勾画了新时期"八纵八横"高铁网的宏大蓝图。"八纵"通道包括沿海通道、京沪通道、京港（台）通道、京哈－京港澳通道、呼南通道、京昆通道、包（银）海通道、兰（西）广通道。"八横"通道包括绥满通道、京兰通道、青银通道、陆桥通道、沿江通道、沪昆通道、厦渝通道、广昆通道。

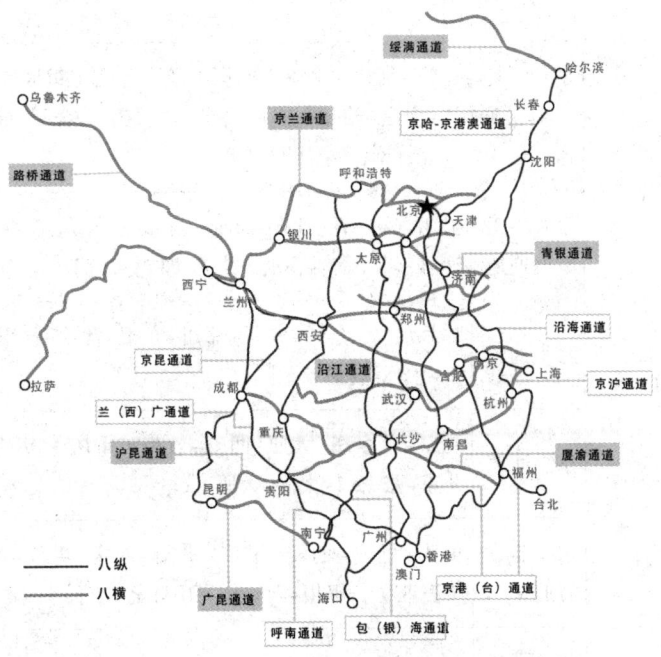

图5　八纵八横规划图

随着 2018 年底杭黄、哈牡、济青、青盐等数十条高铁的开通运营，国内高铁运营里程已达 2.9 万公里。距《规划》的 2020 年，高速铁路运营里程达到 3 万公里，覆盖 80% 以上大城市的阶段性目标仅一步之遥。

表2　八纵八横规划表

八纵通道	沿海通道	大连（丹东）–秦皇岛–天津–东营–潍坊–青岛（烟台）–连云港–盐城–南通–上海–宁波–福州–厦门–深圳–湛江–北海（防城港）。
	京沪通道	北京–天津–济南–南京–上海（杭州），包括南京–杭州，蚌埠–合肥–杭州，北京–天津–东营–潍坊–临沂–淮安–扬州–南通–上海。

八纵通道	京港 （台）通 道	北京-衡水-菏泽-商丘-阜阳-合肥（黄冈）-九江-南昌-赣州-深圳-香港（九龙），合肥-福州-台北，南昌-福州（莆田）。
	京哈-京港澳通道	哈尔滨-长春-沈阳-北京-石家庄-郑州-武汉-长沙-广州-深圳-香港，广州-珠海-澳门。
	呼南通道	呼和浩特-大同-太原-郑州-襄阳-常德-益阳-邵阳-永州-桂林-南宁。
	京昆通道	北京-石家庄-太原-西安-成都（重庆）-昆明，北京-张家口-大同-太原。
	包（银）海通道	包头-延安-西安-重庆-贵阳-南宁-湛江-海口（三亚），银川-西安，海南环岛。
	兰（西）广通道	兰州（西宁）-成都（重庆）-贵阳-广州。
八横通道	绥满通道	绥芬河-牡丹江-哈尔滨-齐齐哈尔-海拉尔-满洲里。
	京兰通道	北京-呼和浩特-银川-兰州。
	青银通道	青岛-济南-石家庄-太原-银川。
	陆桥通道	连云港-徐州-郑州-西安-兰州-西宁-乌鲁木齐。
	沿江通道	上海-南京-合肥-武汉-重庆-成都，南京-安庆-九江-武汉-宜昌-重庆，万州-达州-遂宁-成都。
	沪昆通道	上海-杭州-南昌-长沙-贵阳-昆明。
	厦渝通道	厦门-龙岩-赣州-长沙-常德-张家界-黔江-重庆。
	广昆通道	广州-南宁-昆明。

从图表不难看出，未来高速铁路要像一张网一样覆盖在祖国广袤的大地上。在原规划"四纵四横"主骨架基础上，增加客流支撑、标准适宜、发展需要的高速铁路。同时，充分利用既有铁路，连接主要城市群，基本连接省会城市和其他50万人口以上大中城市，形成以特大城市为中心覆盖全国、以省会城市为支点覆盖周边的"八纵八横"高速铁路网。实现相邻大中城市间一小时到四小时交通圈，城市群内半小时到两小时交通圈。提供安全可靠、优质高效、舒适便捷的旅客运输服务。

2.咱的高铁要走出去

2.1.高铁革命

中国这片土地上，有雄伟的高原、起伏的山岭，有广袤的平原、低缓的丘陵，也有四周群山环抱、中间地平的大小盆地，囊括了陆地上5种基本地形类型。自西向东,横跨东五区、东六区、东七区、东八区和东九区5个地理时区。从南到北,纵贯赤道带、热带、亚热带、暖温带、中温带和寒温带6个温度带，还要加上一个特殊的青藏高原高寒区。复杂的地理环境下，既要高速，又要安全，这对中国高铁提出了极高的要求。

然而，从线路工程到牵引供电，从列车运行控制系统到高速列车，中国人民以不断进取的姿态，走出了一条创新发展之路，构筑了属于自己的完整成套的高速铁路技术体系和技术标准，在人类轨道交通发展史上，打烙下清晰而深刻的中国印记。

从建设世界上规模最大的高铁网络，到演绎举世惊艳的"中国速度"，高铁奇迹的背后，印证着一个走向复兴的中华民族，一个成就梦想的中华民族。

英国BBC在一篇题为《中国新工业革命》的文章中将中国高铁建设看作是中国开展新工业革命的标志，称之为"高铁革命"。

中国高铁经过十余年的发展，纵横交错、四通八达，穿山越岭、跨江跨河，版图一再扩容，东部地区高铁网络日趋完善，中西部地区高铁线路也渐成规模。从兰新高铁跨越塞北风光，到沪昆高铁蜿蜒岭南山川，从哈大高铁驰骋东北雪原，到宁杭高铁穿梭江南水乡——"四纵四横"高铁网络已经基本建成，"八纵八横"正在井然有序地建设，串珠成线、连线成网，到目前，中国高铁运营里程超过全球高铁运营总里程的三分之二。中国逐渐成长为当今世界高速铁路发展的领跑者和技术集大成者。"一带一路"国际合作高峰论坛期间，当北京外国语大学丝绸之路研究院提出"你最想把中国的什么带回祖国"时，来自"一带一路"地区20个国家的青年们将"高铁"奉为榜首。

2.2.历史机遇

全球高铁市场有多大？综合世界各国铁路网未来15年规划，预计到2030年，除中国外全球其他地区铁路新建里程约9.6万公里，其中高铁里程约4.5万公里。在拟建高铁中，美国规划

11 条总长 1.7 万公里的高铁网络；欧洲计划投资 700 亿欧元建设 8 条总长 1.2 万公里的高铁，由此将欧洲高铁网络增加至现有的 3 倍，这些高铁主要集中在德、法、英、西班牙等西欧国家。

中国高铁技术强大，全球市场又如此乐观，高铁"走出去"，造福世界人民，是历史必然选择。

2013 年 9 月和 10 月，习近平总书记先后在出访中亚四国和印度尼西亚时提出共建"丝绸之路经济带"和"21 世纪海上丝绸之路"的重大战略构想，即"一带一路"倡议。互联互通是"一带一路"倡议的重要基础和前提，也是经济全球化大背景下的时代潮流，习近平总书记曾在亚太经合组织北京峰会上表示，"如果将'一带一路'比喻为亚洲腾飞的两只翅膀，那么，互联互通就是两只翅膀的"血脉经络"，互联互通不仅仅是国与国之间的互利互惠，也是各个交通方式之间的相互合作。

在如今铁路、公路、航空、管道、海路五位一体交通基础设施网络中，互联互通各种交通方式，相互协作、取长补短、互利共赢。铁路以其基础性、经济性、公益性、社会性、支撑性、引领性等属性，以及安全、便捷、大运量、全天候等优势，必然成为交通基础设施互联互通的首要选择和优先领域，成为助推"一带一路"倡议的"外交官"。

要说中国高铁"走出去"的优势，不仅体现在国家层面的高度重视，更体现在完备的高铁技术体系、优势明显的技术方案、丰富的建设管理和运营维护经验，以及相对友好的建设成本和强劲的资金实力，并与工程建设、装备制造、运营维护有机结合，提供"一揽子"的整体解决方案。我们有理由相信，高铁作为中国铁路最先进的代表，当之无愧成为"走出去"的排头兵。

中国高铁"走出去"战略方向是全方位的，主要表现在全球构建四通八达的高速铁路网，及规划建设中蒙俄、新亚欧大陆桥、中国－中亚－西亚、中国－中南半岛、中巴、孟中印缅六大经济走廊，搭建"丝绸之路经济带"的陆地骨架。

中国高铁应抓住历史机遇，紧跟国家的战略建设步伐，结合六大经济走廊建设，推进贯通亚洲各区域以及亚欧非之间的铁路网络建设，充分发挥铁路在促进区域资源流动、贸易往来、人文交流，推动区域经济一体化进程中的基础性作用。聚焦欧亚、中亚、泛亚三个战略方向，建设经俄罗斯进入欧洲的欧亚铁路，改变中国对外贸易长期以来对海运的依赖；建设经中亚到达德国的中亚铁路，拓展与欧洲和非洲内陆国家的经贸合作，形成物流黄金干线；建设从昆明出发，连接东南亚国家，一直抵达新加坡的泛亚高铁，打通向南出海口，形成向印度洋开放的新格局。

2.3.挑战重重

中国高铁具有技术先进、安全可靠、性价比高、兼容性好、产品交货期有保证、运营经验丰富、建设运营适应性强等优势，还有建设与装备有机结合的整体优势。但放眼全球，铁路装备技术先进的国家和公司不胜枚举，代表中国高速铁路动车组最先进生产力的中国中车、代表中国高速铁路线路建设最高水平的中国铁建、代表中国列车运行控制最高水平的中国通号等中国企业能够在这些同样杰出的企业中脱颖而出，拔得头筹，需要的不仅是最核心的技术生产力，更要有最具竞争力的服务意识。

尽管中国高铁"走出去"局面良好，且实力强劲、动力充沛、潜力十足，但面对复杂多变的国际环境、白热化的市场竞争、难以预知的不利因素，准备走出国门、走向世界的中国企业可谓举步维艰。

西南交通大学校长徐飞曾总结出中国高铁"走出去"面临着十个重大挑战：海外"有效高铁市场"有限、目标国国情的多样性与东道国对高铁需求存在差异、高铁建设如何与沿线各国产业发展有机结合、面临外部舆论环境和价值认同的考验、高铁强国之间的博弈和竞争者搅局、中国高铁标准国际认同度亟待提升、投融资瓶颈亟待突破、顶层设计缺失、国际化复合型人才短缺和沿线国家铁路技术管理等各类人才匮乏并存、显在与潜在的多重风险交织。总结起来就是内在与外在、显在与潜在、宏观与微观、传统与进步、理想与现实的风险和影响因素并存、相互之间紧密耦合、纵横交织，使得中国高铁"走出去"犹如在布满荆棘的灌木丛艰难前行。

同样，中国高铁"走出去"，也面临着政治、经济、法律、文化、宗教、安全、知识产权等诸多方面的风险。其中的政治风险是中国企业面临的最大风险，这主要表现在因投资者所在国与东道国发生战争、内乱或者政治环境发生变化、政权更迭、政局不稳定等因素给投资企业带来经济损失的可能。经济和法律风险则是关系到企业在海外的融资安全及营利能力。文化和宗教风险则是可能因宗教信仰、民俗禁忌、社情民意、舆论导向和文化的不同可能导致的狭隘民族主义色彩的负面炒作，甚或引发反华排华情绪和社会动荡。安全风险则关系到海外技术管理人员的生命财产安全。知识产权风险则是指在这个注重知识产权、专利技术、标准品牌的时代，中国高铁要"走出去"并且"走得好、走得远"，就需要推动中国标准得到国际公认，就要建立起从"中国制造"到"中国标准"转变的高铁品牌。

诚然，中国高铁的输出是一项复杂庞大的系统工程，涉及洽商立项、勘察设计、投融资、工程实施、装备供应、竣工验收、运营管理等诸多方面。虽然中国高铁"走出去"面临着重重挑战，但是办法总比困难多，相信不屈不挠、披荆斩棘、奋勇向前的中国人、中国企业、中华民族都能立足高远又脚踏实地的走出一条谱写中国高铁"走出去"的康庄大道。

2.4. 多措并举

面对中国高铁"走出去"道路上的种种"拦路虎"、"绊脚石"，既夯实基础、突破瓶颈、提高质量，又多方拓展、协同合作、有的放矢无疑是最好的解决方法，面向"走出去，走得好，走得远"，构建自顶向下，从顶层设计到具体实施、从国家到行业再到企业，从公司到部门再到个人全方位、多层次的联动机制和有机整体，为中国高铁"走出去"添砖加瓦、贡献力量。

提纲挈领

作为一项层次高、涉及面广、关键要素多、体现国家意志和政府行为的战略行动，可以说高铁"走出去"是复杂庞大的系统工程。针对中国高铁"走出去"面临的各种问题，应该提纲挈领，统筹协调高铁输出工作。在国家层面，必不可少的是宏观确立"走出去"战略目标、战略路径和战略举措，建立健全国家统筹协调运行机制，协调外交部、国防部、发改委、交通运输部、商务部、教育部、科技部、文化旅游部、国家宗教事务局等多个部委，以及铁路总公司和相关高铁企业、国家开发银行等金融机构，总体统筹、规划、指导中国高铁有选择、有重点、有计划、有步骤、有组织地"出海"，有效开展"高铁外交"，顺利推进国际高铁产能合作。并对内优化跨部门的国际协调机制、强化政策支持力度、完善配套服务体系、重点推动规划设计和咨询单位"走出去"，实现对外业务向高端领域发展。对外，将重点项目纳入双边或多边协定中，并争取相关国家政府在市场准入、劳工制度、环境保护、工程承包、知识产权等方面给予更多支持。加快与投资国落实避免双重征税协定，减轻投资企业负担，明确与资产安全、优惠政策相关的重大事项，改善企业在对方国家的投资环境。积极利用现有双边多边合作机制，有效沟通，增进共识，推动高铁领域产能合作，促进区域合作健康发展。

机制引导

针对高铁"走出去"，在机制层面上深入研究构建决策平台、整合实施团队、配置行政资源、再造业务流程的治理机制；深入研究构建目标一致、指挥有力、精干高效、权责对等、流程顺畅的工作机制；深入研究使高铁"走出去"的战略引领原则、系统规划原则、重点突破原则、资源集中原则、风险可控原则和合作共赢原则有机结合的整合机制；深入研究形成政府引导、企业主体、金融支持、市场运作、多方共建、行业联合的协同机制；深入研究针对不同高铁项目形成由国家牵头协调分工，金融、制造、施工、商贸相互支撑，铁路行业内有关企业结成联合体的联动机制；深入研究促进和推动高铁"走出去"的经济外交政策、财政政策、税收政策、金融和外汇监管政策，特别是具有针对性、突破性和操作性的优惠政策、倾斜政策和配套政策。除此之外，围绕"走出去"的目标，集聚政府、高校、科研机构、产业界有关研究力量，招募和聘请一批专兼结合的来自高铁行业企业、金融机构、法律事务机构等方面的专家，建立国家级"中国高铁'走出去'"门户型智库。通过充分发挥智库成员各自的专业能力和优势，策划中国高铁"走出去"的顶层设计和战略部署，并着重在机制、产业和企业三个层次上开展研究。

产业布局

在高铁产业层面上，做好目标市场的需求分析，强化市场细分、找准有效市场是一项切实可行、涵盖"战略－谋略－攻略"的全方位"走出去"产业布局方案。深度分析目标市场的政治法律环境、经济技术环境、社会文化环境、自然地理环境和市场竞争环境，揭示高铁"走出去"的重点区域、重点项目和重点方向。

在战略上，深入研究如何最大限度地发挥中国高铁行业的整体优势和高铁产业链集成实力，提高全球性配置资源、全产业链经营、关键价值链控制、核心技术掌控和高附加值盈利能力，全面提升国际化综合竞争力，形成国际级产业力量，统一步调，形成合力，融入全球，跨国经营，抱团出海，以此提高"走出去"的整体实力和总包能力。

在谋略上，深入研究如何以国内铁路行业大联盟为基础，夯实行业实力，构建包括勘察设计企业、工程建设企业和装备制造企业等相关单位在内的联合体，形成洽商立项、勘察设计、投融资、工程实施、装备供应、竣工验收、联调联试、安全评估、运营管理于一体的系统能力。

在攻略上，深入研究装备制造业和工程建设业分类施策的策略和创新合作的模式，提出装备产能输出如何坚持全球化经营与本地化运作相结合，推动多产业板块协调并进，以及工程建造如何坚持以设计咨询为先行，以建设施工为依托，充分发挥咨询设计作为高铁工程建设灵魂的引领、先导、龙头和带动作用，实现工程项目的资源整合优势互补的实操建议。

在高铁行业自身战略层面，以"国内市场率先应用领先技术、国际市场争创领先供应商"的"双领先"战略制定中国高铁"走出去"的中长期规划。

企业助力

在高铁企业层次上，研究面向目标市场的方略和整体解决方案，注重揭示"走出去"中的各种潜在风险以及应对、规避和管控风险的策略。以中国铁路总公司为海外高铁项目的"牵头人"，并联合以中国中铁、中国铁建、中国中车、中国通号、中铁物资等为主的技术企业，以"亚投行"、"丝路基金"为代表的金融团队，以顶尖人才、科研院所、标准机构等构成的智囊团，从而形成中国高铁"走出去"强有力的专业队伍，通过市场化的谈判和磨合，逐步形成既竞争又合作的利益协调机制，由行业性组织协调海外高铁项目的建设运营。同时，可按照"一国一研"、"一国一策"原则，编制铁路"走出去"国别研究报告，据此制定针对性的技术集成方案和谈判、公关、商务、法务等项目进入举措，以期做到知己知彼，精准施策。要特别注重研究企业能力建设问题，致力于提升企业的全球管控力、市场拓展力、资源配置力、风险防控力、价值链竞争力和品牌塑造力，致力于提升企业全球化经营、本土化运作、数字化管理、智能化制造和多元化发展等能力。

2.5.成效初显

从绿皮火车到高铁，这是一个时代变迁的缩影。今天，中国高铁正以它特有的"颜值"与"气质"改变着人们生活，也让它成为中国外交和中国制造的亮丽名片。借着政策的春风，中国铁路相关企业已经取得了一系列令人瞩目的成绩。中国企业在海外承建的第一条高铁——土耳其安伊高铁二期工程顺利通车，中国为马来西亚生产的世界最高运营速度米轨动车下线；中老铁路、印尼"雅加达—万隆"高铁已经开工建设；中泰铁路、匈塞铁路塞尔维亚段已经正式启动；中俄签署"莫斯科—喀山"高铁发展合作谅解备忘录和勘察设计合同；中美签署"美国西部快线"设立合资公司框架协议；中伊签署"德黑兰—马什哈德"铁路高速改造商务合同；马来西亚至新加坡高铁项目进展加速；印度"德里—金奈"高铁可研工作稳步推进；连接巴西和智利长度达 3560 公里的"两洋"（大西洋、太平洋）铁路可行性基础研究工作取得阶段性重要成果。

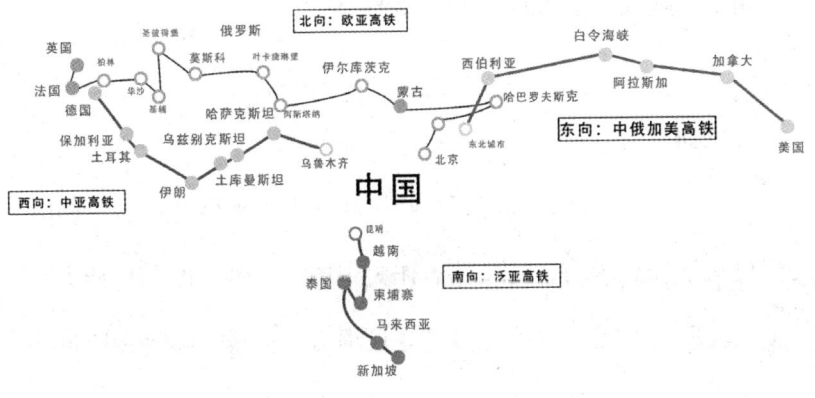

图6　中国周边高铁

中老铁路

　　中老铁路由中国段和老挝段两部分构成，其中中国段起于昆明，经玉溪、磨憨与老挝段连接，老挝段则是起于中老边境口岸磨憨，止于万象，线路全长近 1000 公里。作为"一带一路"倡议提出后第一条以中方为主投资建设、与中国铁路网直接联通的国际铁路，中老铁路不仅是联通中老两国的重要基础设施，也是泛亚铁路的重要组成部分。从项目中标到合同签订、从挖下第一铲到那通站双线特大桥连续梁成功合龙、从沿途拆弹到一条条隧道贯通，正按照预定计划推进的中老高铁项目将于2021 年 12 月完工。项目建设大大带动了老挝劳动力市场的发展，在增加就业岗位的同时，也带动了相关产业的进步。项目建成后，必将让这个多山的国家运输水平和运输效率有明显提升，也将为两个国家双边经济的发展注入新的活力。

中泰铁路

中泰铁路全线北起廊开，经过呵叻、坎桂到达曼谷，同时建设从坎桂到玛塔卜的铁路。作为中国"一带一路"框架下重要的互联互通项目和基础设施建设项目，中泰铁路是泰国近些年来最大的外国投资项目之一。线路由泰方负责铁路建设，中方负责铁路技术、信号系统和技术培训，并向泰方提供技术许可、技术转让和融资等方面支持，双方成立合资公司负责投资及铁路运营。中泰铁路合作项目是双边互利合作的明星项目，又是一个有利于带动沿线地区产业繁荣发展的惠民工程。中泰铁路的建成未来将于中老铁路互联互通，届时泛亚铁路网进一步完善，泰国也必将融入"一带一路"交通运输网络，进一步成为地区互联互通枢纽和东盟重要经济中心。

匈塞铁路

匈塞铁路南起匈牙利首都布达佩斯，北至塞尔维亚首都贝尔格莱德，全长350公里，其中匈牙利境内段166公里，塞尔维亚境内段184公里。线路完全按照欧盟标准设计并进行建造，代表着中国铁路技术的最高水平，对中国和塞尔维亚都具有重大意义。

匈塞铁路是"一带一路"倡议下的标志性的跨境基础设施项目，也是欧洲和中国合作的一个重要项目。始建于19世纪末的匈塞铁路，大部分为单轨铁路，且运行时速仅到40公里，已经不能满足货运和客运的高效需求。新建的匈塞铁路是一条最高设计时速达到200公里的客货混跑的电气化双线铁路，这就意味着从塞尔维亚首都贝尔格莱德到匈牙利首都布达佩斯的旅程时间缩短了一半多。而伴随中国企业与塞尔维亚企业合作，实实在在地帮助了塞尔维亚的基础设施建设，解决当地就业问题并升级相关产业链。增进两国人民互助友谊的同时，也进一步推动了两国更深入务实合作。匈塞铁路的建成将使塞尔维亚成为巴尔干地区的交通运输中心。匈塞铁路与中欧陆海快线将为中国对欧出口和欧洲商品进入中国开辟新的便捷通道，也让中国装备和中国技术有更多机会走向欧洲市场。而对于沿线各国乃至整个欧洲，中欧陆海快线建设将为振兴经济、推进交通便利化和促进人员往来发挥重要作用。

雅万铁路

雅万高铁北起印度尼西亚首都雅加达，南至第四大城市万隆，线路全长142公里，最高设计时速350公里。值得一提的是，雅万铁路全套采用安全可靠、技术先进、运营成熟的中国铁路技术标准，并使用依据当地气候、线路条件、文化及生活习惯量身打造的 CR400 型动车组。此外，雅万铁路还将采用全新的互联网售票、自动售取检票、WiFi 网络全覆盖、刷脸进站等先进的服务手段，极大地提升了当地铁路的自动化水平和服务水平。

作为中国高铁第一次全系统、全要素、全产业链走出国门、走向世界的标杆以及整个东南亚第一条高速铁路，雅万高铁是国际上第一个由政府主导搭台、两国企业合作建设和管理的高铁项目。也是中国高速铁路从技术标准、勘察设计、工程施工、装备设计制造、物资供应，到运营管理、人才培训、沿线综合开发等全方位一体化输出的第一单项目。对于推动中国高铁"走出去"，进一步润色"高铁名片"，具有重要的示范作用。

雅万高铁建成通车后，雅加达至万隆的旅行时间将由现在的 3 个多小时缩短至 40 分钟。到 2018 年 6 月，雅万高铁项目前期准备工作已经基本完成，项目许可、融资等关键条件逐步落实，征地拆迁取得突破性进展，22 处控制性工程取得新突破，雅万高铁项目进入全面实施推进的新阶段。

相信雅万高铁必将成为中国与印尼两国友谊的标志，也是中国在亚洲地区开展高铁合作的典范，项目的顺利建成也将进一步推动双边贸易发展，为两国人民带来实惠和便利。

亚吉铁路

由中国中铁与中土集团组成的联营体共同运营的非洲首条现代电气化铁路，亚吉铁路是中国首条集设计标准、投融资、装备材料、施工、监理和运营管理全产业链"中国化"的现代电气化铁路建设项目，是中非优势产能合作的示范性项目，也标志着成套中国铁路"走出去"取得重大突破，对国家"一带一路"倡议在非洲东海岸门户区域的落地具有重要意义。亚吉铁路宛如一条腾飞的巨龙，将埃塞俄比亚内陆高原最重要的交通枢纽、埃塞首都亚的斯亚贝巴与亚丁湾海滨的著名港口吉布提港紧密连接在一起。亚吉铁路全长近760公里，全线采用中国二级电气化铁路标准施工，设计时速120公里，总投资约40亿美元。亚吉铁路正式运营后，将极大提升运送效率，改变当地客货运输方式，使当地的客货运输从100%依赖公路转变成70%依靠铁路，并将客货运输时间缩短到一天内。相信这条通往繁荣和复兴的铁路，不仅会振兴两国经济、增进两国人民往来，还能够强化区域经济融合。

蒙内铁路

蒙内铁路是中国帮助肯尼亚修建的一条全线采用中国标准的标轨铁路，是肯尼亚独立以来的最大基础设施建设项目，也是肯尼亚实现2030年国家发展远景的"旗舰工程"。蒙内铁路全长约480公里，东起肯尼亚东部港口蒙巴萨，西至首都内罗毕，设计客运时速120公里、货运时速80公里，设计运力2500万吨，采用中国国铁一级标准进行设计施工。蒙内铁路是肯尼亚近百年来新建的第一条铁路，也是一条采用中国技术、中国标准、中国装备、中国运营管理的国际干线铁路，是中国铁路建设全产业落地的标志性项目。蒙内铁路的建成通车，将把肯尼亚的港口和更多内陆城市、开发区连接起来，助推当地的城镇化建设，也将进一步完善东非铁路网，增加东非国家的运力，推进东非地区的互联互通和一体化建设，促进各国经济发展。

第二部分

技术篇

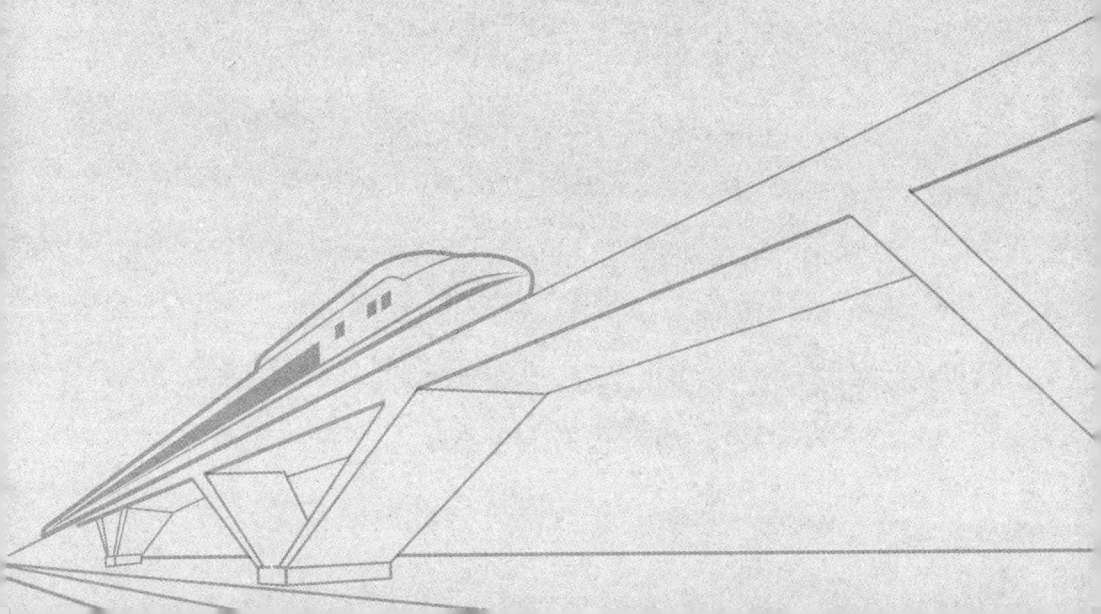

第一章　动车与路

1.高速动车组

说起高铁的形象代言人，那一定是速度与激情并存的高速动车组和美轮美奂的高铁车站，他们一起组成了展现高铁风貌最靓丽的名片。正所谓"静若处子，动若脱兔"，轻盈的动车组犹如过隙白驹、日行千里。通过时间与距离的快速转换，漫长的舟车劳顿，幻化成绝妙体验，高铁成就了太多可能。

一般而言，将铁路速度的分档定义为：时速 160 公里以下称为常速；时速 160 至 200 公里称之为准高速或者快速；时速 200 至 400 公里称为高速；时速 400 公里以上称为特高速。当然，随着科学技术的快速发展，"高速"的概念和定义也随之与时俱进。目前，我们可以把最高时速 200 公里及以上的列车称之为高速列车。广义的高速列车不仅包含轮轨式列车，也包含磁悬浮列车等。

"火车跑得快，全靠车头带"，这是历史中的火车，技术高度发达的今天，列车的位移不仅仅是靠车头下大力气，某些车厢也提供了前行的推力，高铁列车正是采用了动力分散的技术。顾名思义，动力分散就是将动力安装到其他车厢上，让整列车或者其中的几个车厢具备动力设备。其中，提供动力的车厢一般称之为动车，而没有动力的车厢称之为拖车。

　　有动力分散，也就会有动力集中。传统的内燃机车，整个车辆的动力源设置在列车车辆的两端，中间的车辆完全是靠着"别人"推或者拉前行的，这样的设计动力集中在了一起，通过车头牵引一串车辆前行。

　　作为传统机车牵引的延伸和发展，动力集中型高速动车组最早由欧洲发展起来，并逐步取得成功。国外比较典型的高速动车组有法国的 TGV 系列动车组、德国 ICE 系列动车组、日本的高速动车组，以及我国的 CRH 系列动车组。

法国高速动车组

　　法国是世界上研究高速铁路较早的国家，其对速度的追求在屡次创造纪录中就可见一斑。早在 20 世纪 90 年代，法国第一代高速动车组 TGV-PSE 就已达到了惊人的 380 公里时速，商业运行时速高达 270 公里，一骑绝尘，打破了所有人对传统铁路速度的概念。又经历不到十年的研发时间，法国更是凭借第二代高速动车组 TGV-A 创造了时速 515.3 公里的世界纪录。随后的法国第三代高速动车组问世，运营时速达到 300 公里。由阿尔斯通公司研制的第四代高速动车组更是创造了时速 574.8 公里的最高试验记录，这一记录至今未被打破。

德国高速动车组

德国凭借雄厚的工业基础和沉稳可靠的技术背景，于 20 世纪 80 年代开始研究时速 250 公里以上的高速动车组。1991 年 6 月，德国新线区段汉诺威至维尔茨堡和曼海姆至斯图加特段开行的时速 250 公里高速城际特快列车，拉开了德国高速铁路建设与发展的历史序幕，也正式标志着德国 ICE 高速动车组走上世界舞台。如今，凭借德国独特的技术特点和对高速铁路发展的重视，伴随第四代 ICE 高速动车组的问世，ICE 已成为具备 ICE-1、ICE-2、ICE-3、ICE-TD、新 ICE-3、ICE-4 六个系列的大家庭，并自 1991 年投入营运以来已累计行驶超过 20 亿公里。

日本高速动车组

新干线是世界上第一个建成并使用的高速铁路，"子弹列车"更是闻名于世。日本也是高速铁路车型最多的国家之一，且头型极为丰富。0 系高速动车组在第 18 届东京奥林匹克运动会开幕之前开通的东海道新干线正式露面，并创下 210 公里的最高运行时速。作为开朝元老，日本 0 系高速动车组运行 40 多年后于 2008 年正式退役。随着新干线规模的不断扩大，日本高速动车组也从当初的 0 系，逐步扩充到了 100 系、200 系、300 系、400 系、500 系、700 系、800 系、E1 系、E2 系、E3 系、E4 系、E5 系、E6 系、E7 系等。虽然日本生产并投入使用的高速动车组有十多个系列，但是考虑到国土面积和实际运营需求，最高运营时速均在 300 公里以下。

中国高速动车组

可以看到，动车组经过百余年来的发展，各个国家都在不断研发新技术，列车速度不断随着技术的更新换代尤其是通信方式的进步屡创新高。回头看中国高速动车组的诞生，总给人一种"忽如一夜春风来，千树万树梨花开"的感觉，然而这是一种错觉！中国高速动车组的发展，是一个不断推陈出新的过程，是一个从技术积累到"引进消化吸收再创新"，再到全面自主创新的过程。

全国铁路六次大提速后，国产动车组的呼声越来越高，中国凭借多年轨道列车发展的技术积淀和探索实践，研制了"中华之星号""先锋号""长白山号"、"大白鲨号"和"蓝箭号"等一系列电力动车组，内燃动车组的研发也在有条不紊地进行。所谓电力动车组，以电力牵引为动力来源，具有牵引功率大、轴重轻、环保、经济性好等特点。而内燃动车组，顾名思义，以矿物燃料的燃烧提供动力，具有投资少、见效快、灵活性高等优点，常用于尚未电气化的高速铁路区段，或者作为发展高速铁路建设的一种过渡牵引形式。

自主研发动车组的探索实践储备了大量的人才和经验，产品质量和运行速度也在不断提高。但是，到2004年为止，我国的客运机车车辆水平基本处于160公里的时速等级，200公里及以上时速的高速动车组仍处于研制试验阶段，这远远不能满足中国铁路跨越式发展对高速列车的迫切需求。这一时期，从庞巴迪公司引进了Regina C2008型动车组，命名为CRH1A；从日本联合体引进了新干线"疾风号"E2-1000系高速动车组，命名为CRH2A；从德国西门子引进ICE3型动车组，命名为CRH3C；从阿尔斯通引进了SM3为原型的高速动车组，命名为CRH5A。

在短短的几年间，引进之后的消化吸收再创新，使国内企业在这四个动力分散式的引进车型基础上演进出了重联车和卧铺车，以及由CRH2A演进研制的CRH2C型车。

最高运营时速380公里的CRH380系列高速动车组是中国企业在引进技术平台上自主集成创新的典范，如今CRH380家族有 CRH380A、CRH380AL、CRH380B、CRH380BL、CRH380CL五个车型。这些产品的出现，标志着中国企业的创新能力显著提高。同时，国内企业不仅根据市场需要设计研制了时速 200 公里以下、200-250 公里、250-300 公里，以及 300 公里以上不同速度等级的动车组，而且还研发了适用于短距离、大流量的 CRH6 和 CJ 系列城际动车组，以及耐高寒抗风沙的 CRH380BG、CRH2G、CRH5G 高寒动车组。

2017 年 6 月 26 日，两列中国标准动车组"复兴号"，以 350 公里每小时的速度，在京沪高铁两端的北京南站和上海虹桥站双向首发。按照中国铁路总公司新的动车组编制规则，新型自主化动车组以 CR 冠名，即 China Railway 的缩写。这一命名规则共包含 CR200、CR300 和 CR400 三个系列，不同的数字即代表不同的速度等级。其中，CR200 主要用于时速 160 公里和 200 公里两种线路；CR300 主要用于时速 250 公里的中国高速铁路线路；CR400 主要用于时速 350 公里的中国高速铁路线路。目前，"复兴号"已有"CR400AF"和"CR400BF"两种型号，400 为速度等级代码，代表该型动车组试验时速可达 400 公里及以上；A、B 为企业标识代码，代表生产厂家；F 为技术类型代码，代表动力分散电动车组；其他还有 J 代表动力集中电动车组，N 代表动力集中内燃动车组。

2.高速铁路线路

常言道"基础不牢，地动山摇"，为了保证速度达到飞机起飞速度的高铁列车平稳运行，坚固平稳的铁路线路是最重要的保障。如果路基不平顺就会引起轨道不平顺，就会导致高速运行的列车剧烈震动或者颠簸，轻则影响乘客乘坐体验，重则危及铁路运输安全。作为铁路运输系统中的关键基础设施，高速铁路线路既要有高平顺性和高稳定性的轨面条件，又要保证高铁线路的各个组成部分坚固耐久，使高速铁路的运营保持良好的状态，所以需要高标准地建设高速铁路线路的路基、桥梁和隧道。

路基

路基既要能忍受天寒地冻，也要能经得住风吹日晒，因此必须采用优质的填料分层压实，使其足够坚实和平顺。铁路的路基在长使用时间后会下沉，这就为高铁的安全运行埋下了隐患。为此铁路工作者制定了一整套成熟规范的路基构建流程和标准，以保证路基具备足够的强度和刚度。以路基的填充材料为例，高速铁路建设对用于路基填充的土石质量、成分、大小、形状等都有明确的要求，而且在使用前还会有严格把关。这就保证了即使是列车高速运行产生强烈的振动，也不会造成路基下沉或者发生断裂。

那么如何防止路基下沉或者冲毁呢？借鉴国内外铁路的长期运营经验，必须要对铁路线路的路基进行加固处理，并需具备良好的边坡防护措施。对于高速铁路线路路基的加固主要是采用桩基方式，必要的路基边坡防护和系统的排水设施更是为路基防护戴上了铠甲。而边坡防护常以绿色植被覆盖为主，在倡导绿色环保理念的同时，美化了乘客的视野，也使得高铁线路与自然环境更加和谐。

桥梁

说完了路基，我们再看看桥梁。有时候、或者说大部分时候，架桥不是为了跨越大江大河，而是为了跨越铁路、跨越道路、节约占地、控制沉降等，因此我国高速铁路建设常常"以桥代路"。与以往普速铁路桥梁占比很小不同，高铁线路桥梁占比一般达到总线路的一半之多，有的甚至达到八九成。

高速运行的列车成倍增加了桥梁的受力强度，为了保障列车高速过桥时的安全性、兼顾车体内噪声和乘客舒适度，高速铁路桥梁在设计与建造时，需要比一般铁路桥考虑更多。首先须具备足够的强度和刚度，同时具备可靠的稳定性和平顺性，还需能够承受较大的动力作用，具备优异的动力特性。不仅如此，高速铁路桥梁在保证正常的运营要求时，还需便于检查、维护以及美观。一般而言，桥梁由桥跨结构、桥墩、桥台和基础构成，桥跨结构即承载铁路线路、连接两端的桥台。桥墩用于承载桥梁传来的各种作用力，并限制桥梁位移。桥台则是用于支撑台后压力和梁部传来的各种力、限制桥梁位移、连接桥梁梁部与桥头路堤并承载铁路压力。基础部分将桥梁墩台传来的各种力分散到地基，并保证整个桥梁的稳定。

天兴洲公铁两用长江大桥

武广高铁天兴洲长江大桥为公铁两用双层钢桁梁斜拉桥，公路六车道，铁路四线，其中两线客运专线，两线货运专线，主跨504米，2009年12月26日建成通车。它是中国第一座跨越长江的铁路客运专线特大型公铁两用桥梁，也是世界上第一座按四线铁路修建的双塔三索面三主桁公铁两用斜拉桥。斜拉桥主跨504米为世界公铁两用桥梁跨度之首；可以同时承载2

万吨的活载，是目前世界上活载量最大的公铁两用桥梁。大桥荣获第 27 届国际桥梁大会"乔治·理查德森"大奖。

南京大胜关长江大桥

京沪高铁南京大胜关长江大桥，为六线铁路钢桁梁拱桥，其中包含两线高速铁路，两线客运专线，两线轻轨，主跨 2×336 米，是世界上首座六线铁路桥。2011 年 6 月 30 日正式通车，2012 年荣获第 29 届国际桥梁大会"乔治·理查德森"奖，并荣获 2015 年度国际桥协杰出结构工程奖。

隧道

常言"遇水架桥，逢山开路"，说过架桥，不能不说隧道。我国幅员辽阔、山川广布。因此，高速铁路不仅有数量庞大的桥梁，在西南地区、西北地区也有为数众多的山岭隧道，也存在着水下隧道和城市隧道。高速铁路动车组运行时速高，在通过隧道时会产生一系列特定的空气动力学效应，如压力波动、出口处微气压波、洞内行车阻力增大等。对于乘客而言，主要表现是瞬间的压力畸变导致耳鸣等不良反应。因此，动车组在高速运行的条件下，对隧道结构的空气动力学有着诸多方面的特殊要求。这需要高速铁路隧道的断面足够宽大、结构强度足够高。一般来说，隧道由主体建筑物和附属建筑物两大部分组成。主体建筑物主要是洞身衬砌和洞门，主要是为了保证隧道的稳定和正常使用。附属建筑物主要包括防排水设施、避险通道、通风设施等，用以在保证隧道正常使用的同时，便于养护维修，以及满足必要的应急避险、供电等辅助功能。

京沪高铁韩府山隧道群

京沪高铁韩府山隧道群由京沪高铁、沪汉蓉铁路、宁安铁路和南京南动车走行线 4 座双线隧道小间距并行，净距仅有 3 至 10 米，施工难度极大，2011 年 6 月 30 日正式通车。

石太高铁太行山隧道

石太高铁太行山隧道全长 27.8 公里，双洞单线，线间距 35 米，设计时速 250 公里，为我国客运专线最长山岭隧道，于 2009 年 4 月 1 日开通运营。

武广高铁大瑶山隧道

武广高铁大瑶山隧道全长 10.1 公里，地处地质复杂的南岭山脉，是目前我国设计时速 350 公里以上铁路客运专线最长山岭双线隧道，于 2009 年 12 月 26 日建成通车。

3.高铁之最

2011 年 6 月 30 日，北京至上海的京沪高铁投入运营，全长 1318 公里，是世界上运营列车运行试验速度最高的高速铁路；2012 年 12 月 1 日，哈尔滨至大连的哈大高铁开通运营，全长 921 公里，是世界上第一条穿越高寒季节性冻土地区的高速铁路；2012 年 12 月 26 日，北京至广州的京广高铁实现全线通车，全长 2298 公里，是迄今全球运营里程最长的高速铁路；2014 年 12 月 26 日，兰州至乌鲁木齐的兰新高铁开通运营，全长 1776 公里，是目前世界上一次性建成里程最长的高速铁路；2015 年 12 月 30 日，海南环岛高铁开通运营，全长 653 公里，是全球第一条环岛高铁……

中国高铁起步虽晚，但后来居上，一次又一次刷新了世界纪录，创造了一个又一个铁路奇迹。如今，它像曾经的绿皮火车一样，奔驰在祖国广袤的大地上。普遍，但一点都不普通。它创造的辉煌必将载入史册，青史流传，并将继往开来，再续辉煌。

京津城际铁路

京津城际铁路于 2005 年 7 月 4 日正式动工，历时三年，于 2008 年 8 月 1 日北京奥运会前夕正式开通运营，是中国第一条建成、运营时速达到 350 公里的客运专线。京津城际连接北京与天津两地，虽然只有短短的 200 公里，但京津城际铁路却为探索高速铁路建设的技术和管理标准体系提供了技术支撑和宝贵经验。同时，京津城际铁路建成运营以后，也促进了区域间资源共享和优化配置，京津、京沪、京广高铁这三个高铁对推动京津冀协同发展更是做出了不可磨灭的作用。

作为中国高铁的代表作，京津城际是一张亮丽的"国家名片"，开通运营十年来，累计接待 60 多个国家 300 余名政要，来北京访问的外国领导们都不忘到中国高铁上"打个卡"。

十年来，京津城际见证着中国高铁的飞速发展。10 年后，京津城际全部更换为"复兴号"中国标准动车组，以时速 350 公里运行。北京南站至天津站列车运行时间由 35 分钟压缩至 30 分钟，票价不变。

北京南

亦庄

永乐

盘山

天成寺

白塔

天尊阁

武清

天后宫

京津高速

天津

水上
公园

滨海新区

大沽口炮台

京津城际铁路线路图

图7　京津城际线路图

京广高铁

2012 年 12 月 26 日，全球运营里程最长的高速铁路——京广高速铁路全线开通运营。京广高速铁路简称京广高铁，又称京广客运专线，是京港高速铁路（北京至香港）的重要组成部分，也是中国《中长期铁路网规划》中"八纵八横"高速铁路的重要"一纵"，呈南北走向，连接环渤海经济圈、中原经济区、武汉都市圈、珠三角经济区，纵贯北京、河北、河南、湖北、湖南、广东 6 省市，串起首都北京和石家庄、郑州、武汉、长沙、广州 5 个省会城市及众多中等城市, 共 36 个车站, 全长 2298 公里, 是世界上运营里程最长的高速铁路。

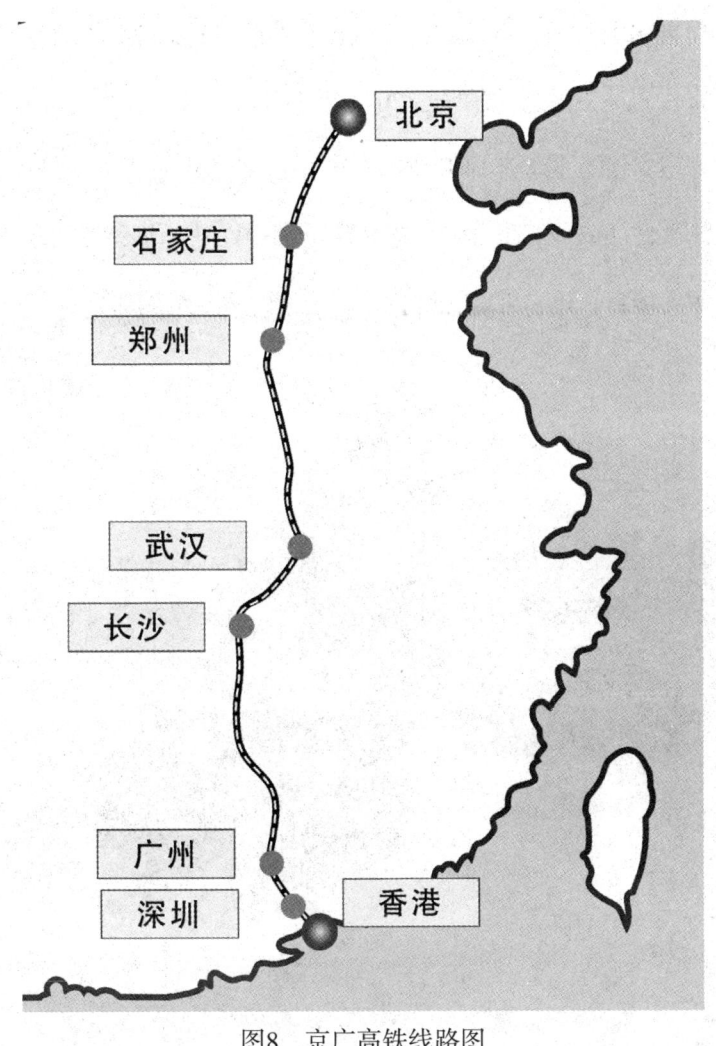

图8　京广高铁线路图

兰新高铁

　　兰新高铁又名兰新铁路第二双线, 全长 1776 公里, 连接甘肃省兰州市与新疆维吾尔自治区乌鲁木齐市。兰新高速铁路于2009年6月获国务院批复；2009年11月4日，正式开工建设；2014年6月3日，新疆段进入联调联试阶段；2014年9月1日，甘青段进入联调联试阶段；2014年11月16日，乌鲁木齐南至哈密段开通运营；2014年12月26日，全线开通运营，是世界上一次性建成通车里程最长的高铁，是中国《中长期铁路网规划》的重点项目，也是亚欧大陆桥铁路通道的重要组成部分。

图9　兰新高铁线路图

京沪高铁

京沪高铁是世界标准最高的高速铁路，也是中国建国以来投资规模最大的高铁线路。2008年4月18日，京沪高铁正式开工建设，2011 年 6 月 30 日开通运营，线路由北京南站至上海虹桥站，全长 1318 公里，总投资约 2209 亿元，设 23 个车站。开通后，京沪高铁主要使用 CRH380A 和 CRH380B 两种列车，列车标准运营时速 380 公里、最高运营时速 468 公里，采用 8/16 节编组，定员 1004 人。2017 年 6 月 25 日，中国标准动车组被正式命名为"复兴号"，于 26 日首次在京沪高铁正式运营。

2010 年 12 月 3 日，在京沪高铁枣庄至蚌埠间的 220 公里先导联调联试和综合试验中，由中国南车集团研制的"和谐号"CRH380A 新一代高速动车组在上午 11 时 28 分最高时速达到 486.1 公里。这是继沪杭高铁运行创下时速 416.6 公里之后，中国高铁再次刷新世界高铁最高运营时速。

而如此高的运行速度下，动车组的脱轨系数小于 0.1，远远低于国内 0.8 的限度标准。（车辆运行时，在线路状况、运用条件、车辆结构参数和装载等因素最不利的组合条件下可能导致车轮脱轨。评定防止车轮脱轨稳定性的指标用"脱轨系数"表示，脱轨系数越大越容易脱轨。国际铁路联盟给定的限度脱轨系数为 1.0，中国的《高速铁路设计规范》给定的限度脱轨系数为 0.8。）

图10　京沪高铁线路图

随着一条条新的高铁线路的开通，高铁运输占整个铁路运输的比重越来越大，这大大节约了运输时间，提高了运输效率，为旅客的出行带来方便的同时，也产生了巨大的社会效益，其优势不言而喻。

4.超级工程

作为新时代的中国"新四大发明之一"、作为国家重量级的基建项目，高铁工程分量之重堪比航空航天工程，包括动用的人力物力、遇到的困难、运用的技术，总体工程之浩大更是普通基建项目无法比拟的。下面简单介绍我国几个高铁的超级工程，感受超级大国才有的超级工程的风采。

中国第一铁路长隧——大瑞铁路高黎贡山隧道

高黎贡山隧道是云南大理至瑞丽铁路线上的重点控制工程，隧道全长 34.538 千米，是亚洲最长铁路山岭隧道，被行业内称为"世界上最难修的铁路"。工期从 2014 年 12 月份开始，计划 2025 年底竣工。该工程至今已历时 4 年，困难重重！

该隧道经中铁隧道局集团相关技术团队勘察设计，综合考虑最终定于青藏高原南部的高黎贡山山脉，位于怒江车站与龙陵车站之间。此地处于喜马拉雅地震带，受印度洋板块与欧亚板块碰撞挤压，地形地质条件极为复杂。有高地热、高地应力、高地震烈度、活跃的新构造运动、活跃的地热水环境等"三高四活跃"的特征，整条隧道穿越 19 条断裂带，其中进口段穿越 12 条断层、18 种岩石；出口段穿越 7 条断层，其中 2 条为活动断层，也穿过了 8 种岩石。

高黎贡山隧道几乎涵盖所有隧道施工不良地质，其建设之艰难，囊括了隧道施工的所有重大风险。然而，面对种种困难，设计人员和施工人员齐心协力在最艰难的时候集中力量排除万难，随之一个一个难题得到解决。

据勘察人员预计，高黎贡山隧道斜、竖井施工中可能存在涌水突泥事故，轻则造成淹井，重则可能导致重大的人员、设备和财产损失。地下水的存在严重影响隧道施工作业条件，对安全质量均有重要影响。于是工作人员设计了科学的施工方法，在施工过程中，面对最大超过每小时 700 立方米的涌水量，首先采用地质探测仪，摸清前方地质情况，必要的情况下提前进行注浆加固和排水，再由"彩云号"进行掘进作业；同时通过调整掘进参数，减少对围岩的扰动，避免坍塌，确保施工安全。

"彩云号"是我国自主研制的国内最大直径硬岩掘进机，其刀盘开挖直径达 9.03 米，设备在满足快速破岩的同时，还在强化辅助工法方面进行了诸多创新，集"诸般武艺"于一身，如增设了大尺度扩挖设计、钢筋排支护系统、前区即时喷混机械手系统、全周嵌藏式超前探测和超前注浆系统、在线实时超前地质预报系统、通风制冷系统等，完全可以应对突水突泥、围岩变形等掘进中可能会遇到的风险。"彩云1号"曾在城市轨道交通建设中掘进了6.6公里，此次经中铁隧道集团改造后再次挺近高黎贡山隧道，掘进速度平均每天40米。"彩云1号"的掘进，标志着高黎贡山隧道正式进入全面施工阶段。在此后的几年中，"彩云1号"将以月平均不低于300米的速度，顽强钻越高黎贡山。

为了加快施工进度，高黎贡山隧道施工工地设置了"1个平导、2个竖井和1个斜井"，其中1号竖井深764.74米，是中国铁路最深竖井；1号斜井长3870米，是中国铁路隧道最长斜井。同时采用隧道掘进机和钻爆法进行施工，大大提高了掘进效率，压缩了工期。

总之，面对高地热害问题突出、软岩大变形、隧道涌水大等各种困难，高黎贡山隧道建设安全风险极高，组织管理管控要求极其严格，在这样的环境下，中国中铁二院工程集团有限责任公司、中铁隧道集团有限公司、中铁十八局集团有限公司等隧道建设主体研究开创了隧道高地热环境施工关键技术、复杂地质条件新型设备研制及应用、铁路隧道超深竖井施工关键技术、深埋特长隧道高地温地段混凝土技术等史无前例的科技先河。

　　高黎贡山隧道施工分为两期施工。工程进口工点于 2014 年 12 月 29 日开工，一期工程计划于 2022 年 5 月 30 日竣工，工期为 89 个月，合同总造价 36.28 亿元；二期工程平导扩挖计划 2018 年 10 月 14 日开始，2025 年 11 月 30 日竣工，总工期 131 个月，总工期长达 11 年之久。

　　目前该工程项目顺利进行，不久的将来会为连接大理和瑞丽起到重要作用，届时由大理去往瑞丽，将由现在的六七个小时缩短至三个小时，昆明至瑞丽近 700 公里的路程可望"朝发夕至"。

世界最深高铁站——八达岭长城站

　　目前在建的八达岭长城站位于世界文化遗产八达岭长城核心区和老京张铁路地下 102 米，是目前全世界最深、亚洲最大的山岭地下高铁车站。

　　根据设计，高铁站分为上下三层，从下至上第一层是站台层，第二层是进站通道，第三层是出站通道及设备层。整个车站断面型式多达 88 种，横断面积近 500 平方米，交叉节点密集，结构异常复杂，总建筑面积为 3.6 万平方米，相当于 7 个足球场大小。

　　车站设计首次采用叠层进出站通道形式，首次采用环形救援廊道设计，首次采用一次提升长大扶梯及斜行电梯等先进设备，首次采用精准微损伤控制爆破等先进技术，体现了对旅客、环境及文物最大的尊重和保护。

八达岭长城站目前是国内最复杂的暗挖洞群车站，车站主洞数量多达78个、洞型复杂、交叉节点密集，这种车站的专业叫法为"地下多层多洞分离式群洞穹顶车站"。所谓"多层"，意思是车站的地下结构主要分为两层。上面是站厅层，站厅层中部设大跨穹顶中央大厅，大厅的跨度约为45米，其两端则变为单洞隧道，跨度为10米和15米，就像烧烤串（两侧小隧道）上穿了个馒头（穹顶大厅）。下面是站台层，站台层由三个单洞隧道组成：中间是宽12.8米的正线隧道，两侧是宽11.8米的发线隧道。除此之外，还有联通站台和站厅的进出站通道的隧洞，隧洞复杂交错，在大山里形成一个复杂的集群。

其实单个隧道的开挖在工程界都是小菜一碟，就算是公路铁路隧道常见的"双洞"模式中两个隧道也是相互平行的，互相之间只用很小的洞相连，对彼此安全性的干扰也比较小。而八达岭长城站这种"洞群"意味着：一个洞穴本来自己可以保持稳定，当在这个洞穴上方再开一个洞，就进一步削弱了位于下方洞穴头顶的岩层稳定性；在一个洞穴两侧又各开一个洞，这个洞穴两侧的墙壁就没那么坚实了；另外，一个洞穴上还打了几个和自己垂直的通道，形成多个交叉点。在设计中，每一个交叉点都是危险源；在施工中，每一个交叉点相互影响，都要谨慎处理，如履薄冰，这在世界隧道修建史上实属罕见。

另一个不得不提的技术就是施工过程中的精准爆破。

一方面八达岭长城站处于世界文化遗产八达岭长城核心区和老京张铁路正下方，通过花岗杂岩地层，岩性种类多，成分变化大，风化差异明显，地质条件非常复杂，因而无法采用盾构掘进机，只能采取爆破工法。另一方面，保护文物不受损也责任重大，施工中需要严格控制爆破对山体的影响。此外，地下洞室密集，爆破还可能造成相邻洞室围岩松动、支护变形等，难度非常大。综合考虑，施工人员采用的"精准微爆破"技术，传统爆破技术震速有 5 厘米 / 秒，震感比较强，爆破的时候车窗玻璃都会有所振动，而"精准微爆破"新技术的震速只有 0.2 厘米 / 秒，相当于一辆汽车经过，对文物不会产生破坏，同时可以保证复杂的洞群安全。

目前这处震撼世界的工程正在悄然推进，正在崛起的京张高铁八达岭长城站连接北京与张家口，不仅是 2022 年北京冬奥会的重要交通设施之一，也将连接西北和华北，是京包兰快速客运通道的重要组成部分。

中国高铁的建设日新月异，刷新了世界纪录，也成为我国的一张亮丽的外交名片，不仅代表我国铁路技术发展成熟，更是对提升我国的国际政治地位立下了汗马功劳。昨日的辉煌已定格在历史中，今日，中国的高铁事业再出发，向世界展示来自中国铁路人创造的一个又一个高铁奇迹。

第二章 控制系统

安全是交通运输永恒的主题，确保安全是一代代铁路人不懈的追求，有了安全作保证，生产运输才能有序开展，旅客才能顺利到达目的地，人民的生命财产才能得到保证。在古汉语中"安"即表达了人们通常对安全的理解。《周易·系辞下》中写道"是故君子安而不忘危，存而不忘亡，治而不忘乱，是以身安而国家可保也"，这里的"安"与"危"是相对的，由此可见安全意味着没有危险且尽善尽美，这与人们的传统观点是相吻合的。

高速铁路主要有三大核心安全技术，分别是高铁线路工程技术、高速动车组技术和列车运行控制技术（简称列控技术）。工程技术涉及铁路轨道、桥梁及地下铁道设计、施工及设备维护等；动车组技术涉及车辆制造工艺、动力牵引和制动等。这两项技术类比于公路系统里就是高速公路修建和汽车研发，是看得见摸得着的东西，相比之下列控系统和技术听起来就不那么直观。

学术上列控技术定义为集通信、控制、铁路信号和计算机等技术为一体，实现列车安全运行保障、列车有效控制、通过能力提高、并向运营管理人员提供实时信息显示。所以列控技术最核心的功能是保障行车安全，同时提高运输效率并保证乘客舒适度，降低工作人员劳动强度。简单来说，列控系统决定了列车何时走何时停。

危及行车安全的因素是多方面的，列控系统通过车上和沿线安装的设备识别和规避这些风险。发现危及行车安全的因素时，列控系统立即命令列车降速甚至停车，保证列车不驶入危险区段。除此之外，列控系统综合运营计划和现场情况，根据列车的运行速度、制动性能等条件，在算法层面最优化控制方式，确定列车最小安全制动距离，控制同一线路上运行的列车以最小追踪间隔安全运行，最大限度提高线路通过能力。同时控制列车以其最佳状态安全、高速、舒适、正点运行，为乘客提供最优质的服务。

1.列控系统标准

欧洲铁路在大发展时代，多数国家都是在原有设备的基础上进行升级改造，可以说是各玩各的，除了轨道宽度一致，信号系统设备没有统一的标准。在这种情况下，在欧洲大陆一趟列车想要实现跨国运行，必须装载每个国家的信号系统设备，每当越过一个国家的边境，就必须切换其本地化的系统，最夸张的情况同一列车装载了8套控制系统，驾驶该列车的难度可想而知。除了高昂的设备成本，运行的安全性和可靠性也不尽如人意，火车司机的培养成本更是夸张，必须掌握各国的信号系统，且精通各国语言，要不然只能每个国家出一个司机，轮流上岗。

随着欧洲大陆一体化的发展，欧洲人要一辆列车跑遍欧洲大陆，并且减少设备的负担和运营成本。所以需要建立行业标准，统一产品的语言、尺寸、显示方式等，提高行业门槛的同时，可以提高产品质量，也有利于传播技术信息，介绍新科研成果，加速新技术和新成果的推广。

于是，欧洲铁路运输管理部门应运而生，它的成立旨在为铁路运输提供统一的信号系统和列车控制系统，这是欧盟战略规划的主要组成部分。1995年，在欧洲铁路运输管理局的推动下，欧洲各信号公司，包括阿尔斯通、西门子、阿尔卡特等公司联合制定了 ETCS（European Train Control System）标准规范，解决欧盟各国在跨国运行时的设备兼容问题。欧盟一直全力支持开发和试验 ETCS，并试图将其推广为国际标准。

中国的机车信号也同样面临着制式不统一、机车交路不能混跑等问题，所以制定中国铁路列控系统标准势在必行。在制定标准时，首先，借鉴世界各国经验，结合中国国情、路情制定中国统一的 CTCS 系列技术标准和规范；同时实行跨专业合作，集中全路专家的智慧，共同确定总体技术方案和总体规划；并且坚持技术先进、系统成熟、经济合理与分级配置的原则；最后坚持新线建设与既有线改造并重，在总体规划的指导下，分步实施、有序发展。

中国列车运行控制系统 CTCS（Chinese Train Control System）标准借鉴了 ETCS 建设经验，结合我国铁路运输特点和既有信号设备制式，并考虑到未来技术的发展。CTCS 的目标是与国际接轨，既能满足既有线运输安全和提速发展的需要，也能满足高速铁路线上列车运行安全的要求。最终制定的 CTCS 标准包括 CTCS-0 级至 CTCS-4 级共五个等级，以适应不同的运输需求。

表3 CTCS等级划分

等级	适应线路	工作原理
CTCS-0	既有线现状	由通用机车信号和运行监控记录装置构成
CTCS-1	160km/h线路	由主体机车信号和安全型运行监控记录装置组成。
CTCS-2	200-250km/h线路	基于应答器和轨道电路信息传输，机车乘务员凭车载信号行车。
CTCS-3	300-350km/h线路	基于无线信息传输，机车乘务员凭车载信号行车。
CTCS-4	300-350km/h及以上线路	基于无线通信传输平台，取消轨道电路，实现虚拟闭塞或移动闭塞。

目前，已开通和在建的铁路列控系统装备等级选择如下：

高速铁路：CTCS-3 级（主流）和 CTCS-2 级列控系统。

城际铁路：CTCS2+ATO(主流)和 CTCS-2 级列控系统。(ATO：列车自动驾驶)

客货共线铁路：CTCS-0 级（既有线）和 CTCS-2 级（新建）列控系统。

自 2003 年提出建设 CTCS 的技术体系以来，经过持续的研究、试验、运用和改进，已经建立完善了 CTCS 列控系统技术标准体系。

2.列控设备

在传统的铁路运营中，由司机瞭望地面信号机显示，人工完成列车运行控制。但在线路存在曲线、隧道等地形时，给司机瞭望地面信号机的显示带来困难。特别是在雨雪、风沙、大雾等恶劣天气时，地面信号更难以看清。最重要的是，随着高速列车的出现，列车速度不断提高，当时速达到160公里以上时，地面信号难以辨认，观察距离一公里的信号机，已很难有充足时间使司机从容采取措施。如果司机发现红色停车信号，即使立即紧急刹车，列车在巨大惯性的推动下，也会越过信号机，所以再单独依赖地面信号机显示是极其危险的，为此必须引入新的列控设备，以新的技术控制列车安全运行，装备列车运行控制系统到了势在必行的时刻。

为了介绍列控系统是如何工作的，首先需要了解列控系统中的主要设备，每一台造价不菲的大机柜或设备设施在高铁运行过程中肩负着哪些安全责任。

2.1.坐标轴上的刻度-应答器

在乘坐高铁或地铁，列车未进站时，朝进站或出站方向观察就能发现一个黄色的盒子，它安装于两根钢轨中心的枕木上，外部尺寸约为笔记本电脑大小，重7公斤，外壳为醒目的黄色，材质为玻璃纤维类材料。它的学术名叫做"应答器"，类似于公路旁竖立的里程碑，每隔一定距离就会安装一组，而其主要功能与里程碑一样，用于精确定位列车的位置。费了大代价沿线铺设的应答器，其功能远不止于此，他还负责传送当前位置和列车未来行驶的一段距离内的线路信息给列车，让列车有足够的信息判断当前的行驶速度是否超速。

应答器按照是否支持实时修改传送信息内容，分为有源应答器和无源应答器。这里的源并非指电源，无论是有源应答器还是无源应答器其工作电源都是由电磁感应获得。这里的源指是否有信息源来改变存储在应答器内的消息。无源应答器内存储的信息内容是固定的，而有源应答器内存储的信息内容可以通过专用电缆与地面电子单元连接，接收实时变化的信息，向车载天线发送。

应答器发送给列车的信息包括：

线路基本参数：线路坡度，轨道区段长度，线路最大允许速度等；

临时限速：由于施工或雨雪等原因引起的对列车运行速度进行限制的信息；

车站进路信息：根据车站接发车进路，向列车提供线路信息；

道岔信息：前方道岔侧向允许列车运行的速度；

特殊位置信息：降受电弓，进出隧道，鸣笛示意等。

应答器的内部安装了一块工作电路板，安装用于发送和接收电磁感应耦合线圈。应答器没有外接电源，也就是说在不工作时是处于休眠状态的，只有当列车经过应答器，列车上的天线距离应答器一定距离时，其电磁感应耦合线圈感应到的高频电磁波信号后，将其转化为电能，驱动应答器开始工作。

这听起来有些复杂的工作过程在日常生活中很常见。我们日常使用的门禁卡、地铁卡等都是自身没有电源的。当门禁卡接触刷卡机的一瞬间，卡片通过电磁感应获得电能开始工作，将存储在门禁卡内的用户信息发送给刷卡机，如果用户信息在名单列表里，门禁锁就自动打开；地铁卡也是同样的工作原理，而且信息是双向交互。当地铁卡贴近刷卡机获得电能后，会将存储在地铁卡内的余额信息、时间信息发送给闸机，闸机判断余额充足时，闸机开门，计算应该扣除的费用并返回给地铁卡，修改卡内存储的余额信息。同样应答器通过感应电压获取工作电源时，立即向车载天线发送大量的编码信息，直到车载天线离去，电能消失后应答器回到休眠状态。

2.2.风雨里的警示灯-临时限速

临时限速命令是一种调度命令，顾名思义是由于出现了意外情况而需要限制列车的通行速度。高速公路在雨雪天气要限制汽车行驶速度，遇到极端天气甚至要封路禁行。雨雪后湿滑的轨道摩擦力减小，列车的制动力下降，同样需要限制列车行驶速度。除了天气因素外，轨道上进行临时维修作业，或者某些设备出现故障等，也可能下发临时限速命令。如果临时限速命令未能及时、准确地下达，列车在通过异常线路段时，仍然按照原定计划的高速度值行驶，极有可能造成列车超速而脱轨，其后果不堪设想。因此必须由调度人员和临时限速服务器共同保障限速命令的安全下达和顺利实施。

临时限速下发必须遵守明确的规章和流程。首先，调度中心向车站下达临时限速调度命令，限速信息包括限速的起点里程、长度、速度值、起止时间等；车站收到调度命令后，由车站值班员签字确认；然后由临时限速服务器向车站列控中心发送临时限速，列控中心收到临时限速命令后，校验限速命令的合法性、有效性和一致性并做好记录工作；列控中心校核后通过应答器向列车发送限速信息；最后车载设备收到临时限速信息后，控制列车速度，按限速要求安全运行。

2.3.超级路由器-地面中心

轨道交通的发展趋势是高速度加高密度，根据这两个目标进行安全设计就需要考虑速度控制和间隔控制。衡量列控系统性能的一项重要指标是列车追踪间隔时间，它指的是同一条线路上前后追踪运行的列车，在安全的情况下能达到的最小间隔时间。在 CTCS-2 等级下，运行时速达到 250 公里时，最小追踪间隔为 5 分钟；在 CTCS-3 等级下，运行时速达到 350 公里时，最小追踪间隔为 3 分钟。前后追踪运行的高速列车，除了要考虑运行效率，缩短追踪间隔，更需要保持适当间隔距离，避免列车追尾。这个安全距离的长度取决于列车的运行速度、列车的制动性能、安全防护距离、线路条件等，它是由地面中心设备综合处理全局信息计算出来的。计算的结果被称为行车许可，在不同等级下由不同的地面中心设备计算，并发送给车载设备。CTCS-2 等级下地面中心设备是列控中心，CTCS-3 等级下地面中心设备是无线闭塞中心。

列控中心

列控中心是 CTCS-2 级列控系统的地面核心设备。它需要从各个设备接收信息，包括轨道区段占用信息用于判断列车的位置，联锁进路信息用于判断列车走行方向等，综合所有信息实时计算列车行车许可，通过轨道电路和有源应答器，传送给列车，保证其管辖范围内所有列车的安全追踪运行。

无线闭塞中心

无线闭塞中心是 CTCS-3 级列控系统的地面核心设备，它根据联锁、相邻无线闭塞中心、临时限速服务器、调度集中系统提供的信息，以及列车的状态和位置信息，实时计算列车行车许可，通过 GSM-R 网络传送给列车，保证其管辖内的所有列车的安全追踪运行。

计算行车许可是地面中心最重要的功能，计算过程可以大致描述为：地面中心首先获取列车的位置信息，在其存储的电子地图上对列车进行定位，并沿电子地图向列车前进方向进行延伸搜索，检查前进方向上的轨道是否被其他列车占用，或者未被联锁设备锁闭，在不超过地面中心允许的最大行车许可长度范围内，将列车前方尽可能多的空闲轨道分配给该列车使用。行车许可是列车安全运行的行车凭证，列车收到行车许可后，综合线路条件、坡度、临时限速等信息，实时计算出兼顾效率和安全的列车运行速度。

2.4.列车的方向盘-联锁

道岔

汽车要改变行驶方向，操纵方向盘就可以实现。列车没有方向盘，只能沿着道岔的开行方向运行，变线就没那么简单。列车改变运行方向，在轨道之间转换，靠的是扳动道岔，通过扳动道岔给列车"牵线搭桥"。现代京剧《红灯记》中的李玉和就是一名铁路扳道工人，不过现如今铁路上使用人工扳道岔的很少，都是由机械控制道岔扳动。

下图演示了通过扳动道岔，实现列车沿着 AB 方向运行或者沿着 AC 方向运行。当红色的尖轨与下部钢轨密贴，轮缘就被引导到靠内侧的轨道方向行进，列车沿着 AB 方向前进；当红色的尖轨与上部钢轨密贴，列车就会沿着 AC 方向前进。

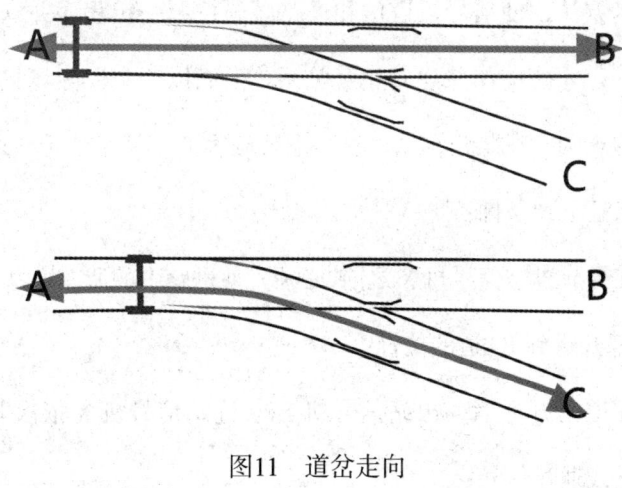

图11　道岔走向

联锁

联锁一词最早出现在唐朝韩愈《汴州东西水门记》文中："惟汴州河水自中注，厥初距河为城，其不合者，诞置联锁于河。"文中的联锁比喻能起沟通作用的事物或人。在现代铁路系统中，联锁描述的是道岔、信号机和进路三者之间的状态互锁关系。

理论上，只要把道岔的位置扳对了，火车进入正确的轨道，就能安全的行驶。但是，无论是人工操作还是机械操作都没办法保证每次都将道岔扳向正确的位置。而一旦没有扳到位，列车在经过道岔的时候，很容易发生脱轨事故。更严重的事故是道岔扳错了方向，列车进入到错误的轨道，而错入的那条轨道，有可能正好有列车停放，也可能有迎面开来的列车，甚至可能有正在施工的工人，其后果都是非常严重的。

为了保证列车不"误入歧途"，铁路人发明了联锁设备，通过技术方法，使信号、道岔和进路必须按照一定程序并满足一定条件，才能动作并建立相互关系。下面以一个实际场景解释联锁的规则。在滕州东站，有一下行旅客列车从车站正线通过，必须保证下列条件：

在开放进站信号机 X 之前，必须先使进路上的所有道岔 1、5、8、2 都开通到 IG 道的位置；

在道岔开通后，出站信号机 XI、进站信号机 X 依次开放，显示正线通过信号；

当进站信号机 X 开放以后，这一进路上的所有道岔都被锁闭，不能扳动；

敌对进路信号机 SN，SI，S3 不能再开放。

只有做到以上几点，才能保证这一旅客列车的安全通过车站，而正是联锁设备，负责完成这种锁闭关系。

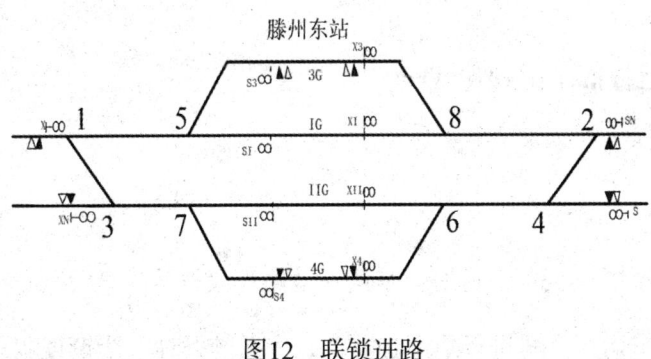

图12 联锁进路

融雪

列车经过道岔的时候，乘客能感到车厢的晃动，这是由于最窄处的间隙造成的不稳定，这个间隙被称为有害空间。道岔设备是精密仪器，转动道岔时，判断其稳定的条件是尖轨与轨道之间的缝隙小于 4 毫米，否则道岔被认为处于四开状态，不能锁闭进路，不允许列车通过。

在哈大线等高寒地区的线路，道岔内或者钢轨上的积雪结霜结冰，有可能导致道岔无法紧密贴合轨道，这将会直接影响车站列车接车和发车作业。因此结合当地冬季气候，部分高铁站配备了融雪设备。道岔融雪装置的加热温度阈值可以由铁路工作人员根据实际情况设置。当安装在轨道上的温度传感器检测到轨道温度低于其设置的阈值，道岔融雪装置开始工作，使得轨道温保持一个较高温度融化积雪，从而确保道岔能按计划扳动到位。

2.5.运行指挥官-调度集中

国外发展历程

1925 年美国铁道协会采用在铁路区段按信号显示行车，并对列车运行方式进行集中控制，这套系统被命名为调度集中系统，这也是第一次在客运专线使用调度指挥系统。按照最初的设计方案，调度集中系统可以实时显示现场的行车作业情况，方便调度员对列车进行调度和管理。然而当时的工业技术水平较低，轨道在使用一段时间后锈迹斑斑，这导致轨道感应模块不能准确显示现场列车占用情况，经常出现现场没有列车占用，而系统显示有车占用的错误情况，这严重地影响了区间和车站的通过能力，进而严重地影响了整个调度区段的通过能力；另外设备的使用寿命有限，对大规模集成电路维修养护的成本也十分高昂。所以，虽然调度集中系统开创了铁路调度指挥的新时代，但由于它在实际应用中的缺点远大于优点，系统未能发挥预期的作用，因此没有得到广泛的推广，仅仅投入使用较短的时间便就匆匆地退出了历史舞台。

20世纪80年代随着计算机技术和工业技术的飞速发展，各国重拾微机化调度集中的研发。首先是德国人研发的新一代调度集中系统中，考虑到列车运行速度的提高，增加保证列车运行的安全的设计；瑞典和挪威等北欧国家，铁路常年运输煤炭、木材等货物，货运压力大，虽然基础工业比较发达，但运输水平不高，因此他们也在集中精力研发集监视、控制和数据统计于一体的分散自律调度系统；法国作为二战以后欧洲高速铁路的领跑者，也在集中精力研发具有报表处理、运行图调整等功能的调度集中系统；美国并没有因为创造了分散自律的历史而感到优越，其对调度集中的研制一直在紧密的进行中。二战后，在上一代系统的基础上，延伸出符合美国本土铁路客货混跑特点的新一代分散自律系统；日本在美国调度集中系统的基础上，针对本国地形地貌的特征对系统进行改造，并加入抗震设备。

在此之后，随着技术的进步，对调度集中系统的研究进一步向综合化、自动化和智能化方向发展。尤其是通信领域的新成果引入系统后，使得调度集中系统的能效性、可靠性及操作界面发生了质的改变，而且调度集中系统的功能涵盖面也越来越广，在原有的基础上进一步加强了监视、控制、报警、设备状态监测、决策、运行图管理、列车运行实迹描绘、运行计划调整、晚点预告等等功能。

经过六七十年的发展，调度集中系统已经比较成熟，日本、美国、德国等均采用了以调度集中为基础的行车指挥自动化系统，实现了以安全为前提，集列车运行管理、调度监督、机车车辆监控和旅客信息服务等功能为一体的运输管理信息化，而且相当多车站已实现调度无人化，大大节省了人工成本，并提高了运输效率。

国内发展状况

我国是第一批跟进研究调度集中系统的国家，早在1963年由于当时运输煤炭的需要，在宝鸡至凤州段，开通了91公里的电气化铁路，这是国内第一段调度集中系统区段，当时是在没有任何可借鉴的情况下试验成功的。在宝鸡至凤州线上当时已经运用了国内最为先进的线路、信号、牵引供电设备，但因没有成熟的车载信号设备，所以效能并不是非常明显，尽管如此仍然为我国铁路调度集中系统的发展奠定了坚实的理论和实践基础。到20世纪90年代，由中国铁道科学研究院研发的新一代D5型分散自律调度系统应用在大秦线上，列车在整个区段的通过能力大大提高。

尽管旧的调度集中系统已经能完成基本功能，但由于智能化程度化不高，没有从根本上改变铁路运输的组织，造成一些调度员仍依靠传统的"老三件",也就是铅笔、尺子和电话来指挥行车,造成工作劳动强度大,效率低。另外,系统未能减轻铁路运输调度员的繁琐工作内容,因为调度员接手了车站值班员的既有工作内容,然而又需要车站值班员完成其他许多工作,这些问题严重制约了铁路现代化的进程。

2003 年起,新一代分散自律式调度集中系统开始建设。首先在济南局的胶济铁路试验并成功运用了国产化的调度集中系统;而后又在郑武线试验并成功运用了国产化的调度集中系统;更让人感到兴奋的是在时速 350 公里的武广高铁使用的客运专线调度指挥系统,也实现了完全国产化。

新一代调度集中使运输组织指挥达到准确化、智能化、便捷化,最大程度地减轻调度员的繁琐工作。目前高速铁路调度集中系统可以实时监视站场信号设备和列车运行状态,实现站间和区间透明显示;追踪列车运行位置和到发时刻,自动描绘列车实际运行图;利用计算机辅助编制和调整列车运行计划,实现调度指挥自动化;通过系统网络向车站下达计划和调度命令;通过系统网络和无线通信向机车下达调度命令、调车作业单、行车凭证和接车进路预告等信息。系统改变了行车调度员使用"老三件"指挥行车的高强度却低效率的局面,使调度员通过调度集中系统对其所管辖区域内的信号设备进行集中控制,对列车运行进行指挥和管理,从而能更好的提高铁路运输的效率。

2.6.高铁的触角-GSM-R

GSM 大家都很熟悉，它是第二代移动通信标准中最主要的移动通信技术，也是目前应用最为广泛的移动电话标准，全球超过 200 个国家和地区超过 10 亿人正在使用 GSM 电话。想必读者已经猜到，GSM-R 的后缀字母 R 是铁路 Railway 的缩写，即专为铁路设计的铁路数字移动通信系统。系统在 GSM 技术基础上，增加了铁路调度专用通信相关功能。简而言之，GSM-R 的业务可以概括为：GSM-R 业务 =GSM 业务＋铁路业务。系统以无线通信的形式为铁路现代化运营提供了专用移动语音和数据业务，并结合高铁快速移动的应用环境，为铁路运营提供专用定制的一种经济高效的综合移动通信系统。

GSM-R 网络起源于欧洲，当时欧洲铁路网络在迅速发展的过程中，对在列车高速运行时语音和数据传输的可靠性要求越来越高。为此，国际铁路联盟在 1992 年提出了新一代铁路数字移动通信标准 GSM-R。GSM-R 技术基于成熟、通用的公共移动无线通信系统 GSM 平台之上进行拓展，是考虑到移动通信产业链基础技术和标准完善，参与研发的厂家数量多，因此有利于供货商之间竞争，打破专利垄断和技术设备制造垄断，降低建网和运营成本。中国 GSM-R 的网络设备就由西门子、北电和华为公司等不同厂商提供，三个厂商的设备分别在胶济、青藏和大秦铁路中应用。

系统特性

GSM-R 系统的优势主要体现在三个方面。

首先是综合性。GSM-R 能将铁路现有的各类通信融合到统一的网络平台上，并且使各类部门（电务、工务、车务、电力、施工等）之间可以相互通信、相互协调；除了满足铁路运输主业和路内各种语音和数据传输需求外，同时也可为旅客提供丰富的网络服务。

其次是经济性。将网络融合到单一网络平台上可以减少网络建设和维护费用，况且由于 GSM-R 是由已标准化的 GSM 设备改进而成，从而保证了技术引入成本低、性能易实现、运行可靠性高。

最后是 GSM-R 适合高速铁路应用场景。在算法层面GSM-R 做了很多优化，如用于优化呼叫建立时间的业务信道分配算法、越区算法，用于增强高铁全速运行时通信服务质量的高速抗失真算法等。在法国模拟真实场景的现场测试中，当列车时速为 350 公里时，GSM-R 的各项指标都得到了验证。

网络覆盖结构

常见的 GSM-R 无线网络覆盖有三种，分别是单网交织冗余覆盖、同站址双层覆盖、交织站址双层覆盖。在实际应用中，青藏线、大秦线都采用了同站址双网覆盖，以保证通信的可靠性，同时沿线各基站传输系统采用环形结构；武广客运专线采用单网交织的无线网络结构。单网交织的无线网络结构是中国铁路总公司明确的重点发展方向，单网交织冗余覆盖是指铁路沿线由一层无线网络进行覆盖，通过在铁路沿线建设冗余基站的方式，使线路上某个地点的基站出现故障时，只有一个网络层失去覆盖，另外一层覆盖不受影响，该地点的场强仍能通过其相邻基站设备得到保证。这样相邻基站之间互为备份，个别无线设备的故障不会影响正常的运输业务。单网交织无线覆盖网络结构图如下图所示。

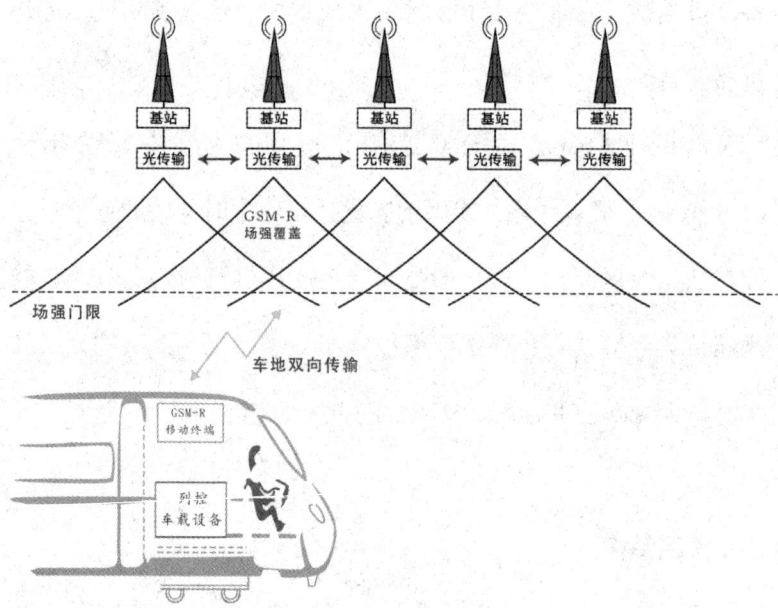

图13　GSM-R网络覆盖

2.7.高铁的大脑-车载设备

车载设备是保证列车高速、安全、可靠、高效运行的关键设备，是列控系统中最重要的技术设备，没有之一。车载设备负责对列车运行控制信息进行综合处理，生成目标距离曲线，指挥列车按照曲线运行。因此车载设备的运转是否正确关系到整个系统的安全性，它的任何一个故障轻则影响列车运行效率，重则威胁到生命安全。

关联设备

与车载设备相关的人员和设备包括以下内容：

司机：列车运行的驾驶员，操作车载的人机界面实现列车等级、模式选择，列车加速和目视行车监控等；

列车车辆：列车物理实体，向车载提供车辆的实时信息，并接受车载的制动命令等；

应答器：通过传输报文的方式向车载设备提供控制命令和线路描述等；

GSM-R 网络：在 CTCS-3 等级使用的无线传输网络，车载设备系统通过该网络与无线闭塞中心实现双向无线传输；

维护人员：通过诊断接口等负责车载设备的维护工作。

设备组成

车载设备主要包括车载安全计算机、应答器传输模块、轨道电路信息读取器、测速测距单元、人机交互单元及司法记录单元等。

车载安全计算机是车载设备的核心处理单元，由综合列车数据、线路描述、行车许可、临时限速信息生成动态速度监控曲线，并根据速度监控曲线自动监控列车运行，必要时向列车输出制动命令，确保行车安全。

应答器传输模块通过安装在车底的应答器天线接收布置在线路上的应答器里包含的线路信息，并将应答器信息报告给车载安全计算机。

轨道电路信息读取器通过天线接收轨道电路信息，并将解调出的轨道电路载频、低频及绝缘节信息传送给车载安全计算机。

测速测距单元根据速度传感器和雷达的测量数据计算出列车的运行速度、走行距离和运行方向，并提供给车载安全计算机。

人机界面是列控系统提供的唯一操作界面，是车载设备的显示和操作装置，能根据车载设备发送的命令，以图形、文字等形式实时显示列车的各种运行状态信息，包括列车的实时速度，目标距离，工作状态和线路条件等信息，并实现声光报警。列车运行过程中，司机通过人机界面查看列车的运行状态，有助于司机更好地了解要完成的任务，提高操作速度和精确性，减少人为失误的可能性。同时，它又是唯一能够实现二者交互的媒介，司机操作人机界面设备按键时，人机界面把按键信息及时传递给车载安全计算机，达到调整列车运行状态的目的。所以人机界面必须屏蔽车载设备复杂的结构，以便于理解的方式解析、引导和提示司机完成控制操作，保证二者的密切配合，充分发挥车载系统的作用。

司法记录单元类似飞机上的黑匣子，记录车载设备运行的日志数据，用于在出现故障时，分析故障原因。

3.其他设备和场景

3.1.能量的源泉

飞驰的列车就像出膛的子弹从站台一闪而过，让人不由自主地感受到强烈的震撼，推动动车组这样四五百吨庞然大物的能量从何而来？需要多大的能量才能将如此一个庞然大物推向时速 350 公里？

（1）受电弓的秘密

坐高铁时留意一下钢轨正上方的高压线，其为供电网。列车的车顶上有一个可以升起来压在供电网上的集电设备，称为受电弓。受电弓与供电网相连，这正是高铁的能量来源。动车组这种获取电能的方式与传统无轨电车类似，我们看到的无轨电车，有两个导电的"辫子"，"辫子"的一端连接电车车顶，另一端像一个倒置的靴子挂在接触网上，与石墨滑块直接接触获取电能。电车的供电线路有两条，一来一回构成了电流通路，但从外表上看动车组与铁路接触网直接接触的导线似乎只有一条，高铁的供电电流是如何流通的呢？实际上由于钢轨的导电性，它被用作另一条牵引电流的回流线。这是英国人发明的，因为由于供电网电压非常高，设置两条接触线时绝缘间距很难保证，尤其是在动态运行的情况下，意外短路的风险加大。这时人们想到了钢轨是导电的，可以直接用钢轨作为另一条回流线路，减少了一套车顶受电设备，如此一来极大地降低了高速受流实现的难度。

电力牵引用于轨道交通系统已经有 100 多年的历史，由于交通运输的重要性，所有轨道交通的牵引供电都属于供电部门的一级负荷，即要求确保其供电的可靠性。高速列车需要的电能传输过程大致是这样的：发电厂发出电能，通过输电线传送到被称为牵引供电系统"心脏"的牵引变电所，牵引变电所将输入的高压电通过牵引变压器降压，转换为适合高速列车使用的低压电能送到接触网上，接触网被称为牵引供电系统的"主动脉"，其功能就是通过与受电弓在运行过程中的良好接触，将电能传输给高速列车。

（2）算算电压和电费

高速铁路接触网上的电压高达 25 千伏，这又是怎么确定的呢？在初中物理中我们学过，电功率等于电压和电流的乘积，也就是说在同样输出电功率的前提下，提高输出电压，就可以相应地降低输出电流。在日常生活中，使用电热水壶加热的原理是将电能转化为热能，因为电流经过导体时会产生热量。输送电能的接触网也一样，不可避免地一部分电能会转化成热能散发到空气中，显然电流越大能量消耗的也就越多，降低接触网上的电流，就能减少电能输送过程中的损耗。另外大电流会引起线路上较大的电压降，为维持供电电压就必须增加变电所的数量，从而导致成本增加，所以高速铁路采用交流高压供电。

驱动动车组高速运行所需的功率与日常用电的功率数不在一个数量级上，以 8 辆编组的和谐号 CRH3 动车组为例，其牵引输出总功率达到 8800 千瓦之多。如果你还难以想象 8800 千瓦这个功率到底有多大，且让我们回到充满乡愁的车马时代吧。CRH3 动车组的牵引功率如果靠骏马来完成，需要的骏马数量是 11973 匹（1 马力 = 735 瓦特）！那可是一幅万马奔腾的场面。

这么高的功率，高铁的电费是如何计算并交给国家电网的呢？高铁按段供电，电费也是按段收取。供电段的电费直接交给当地的供电公司。高铁用电执行大工业电价，分基本电价与电度电价两部分，基本电价以变压器容量或者最大需量为准，每月固定收取，有点儿像通信公司的月租座机费；电度电价按客户实际耗电度数计算，就像通信公司的话费、流量费。此外还有一个调整电费，根据功率因数进行调节，设备使用率高的话，会减收电费，这时调整电费就是负数。以京沪高铁为例，据新华社报道，和谐号动车组时速300公里时，人均百公里耗电量为3.64度、单趟全程总耗电量约48度。据《科技日报》报道350公里时速运行的"复兴号"动车组人均百公里能耗3.8度电，单趟全程总耗电量约50度，按照目前大工业电价算，用电成本约40元。

（3）供电网的护士

与一般的电力线路只在两点之间固定传输电能不同，在接触网沿线有许多动车组高速运行取流。受电弓压在高压线上，列车高速运行时，受电弓取流很大，不可避免地会引起电弧，当受电弓与接触线失去接触时，必然伴随着火花或者电弧的产生，从而加大接触线和受电弓滑板的电磨损，引起电磁干扰，导致列车失压；再加上在露天区段所承受的风霜雨雪，使得接触网处于震动、摩擦、电弧、污染的工作状态中，这些因素会对接触网的工作部件产生影响，其故障率比一般电力线路要高，因此，需要在设计和维护上多方考虑。

在设计的时候考虑到车顶高压线不能一直在中间点摩擦碳

滑板，否则接触部位很快就被磨穿了。所以为了延长碳滑板的寿命，使接触网走线按 Z 字形布置，而不是与列车严格的平行线，这样设计带来的好处显而易见：扩大摩擦面，减少集中摩擦的情况。

除了在设计上考虑到减少设备磨损外，还需要铁路局供电段的工作人员定期检查清理和维修沿线的供电设备，供电段是保障高铁运行的重要部门，正是他们在幕后的工作，保证了供电设备的正常运转，为动车提供动力的源泉。2017 年春运期间播放的《经济半小时》节目，跟踪采访了这群保障供电设备的"护士"的工作。

采访时正好是春运期间，进入春运后，北京南站高铁动车愈发密集。北京铁路局供电段北京南供电运行工区副工长吴兴福在采访当天的任务是清扫分段绝缘器。由于高速列车的通过，分段绝缘器上可能蹭上碳粉，再加上雾霾天气的灰尘，会导致其绝缘性能下降。每一个绝缘设备，都需要一点点用酒精擦拭，并且要检查每一个细节是否正常。供电设备离地距离在 6 米以上，与其他工种不同，供电段的工人们面临着高压、高空、高危的考验。开工的第一道工序，就是要验电、接地线。与高压电打交道，他们需要格外小心，才能确保万无一失。工人们在执行供电设备作业任务时，需要借助一个高达 6 米，可以在轨道上滑动的梯车。这一天夜里，北京刮起了三四级的寒风，在高空中，风力还要更大一些。两位工人师傅把安全带系到钢索上，站在狭窄的工作车边缘，像蜘蛛人一样，去擦拭距离高处的高压设备。这样的设备，工区的小组要检修和清洗 11 处，都需要爬到高空中去执行。正是有了这些幕后英雄的工作，才保证了高速列车能量的源泉，保障了高速列车的高效运行。

3.2.最后的防护

制动系统在交通工具中的重要性不言而喻，如果制动系统失灵，列车就像脱缰的野马，乘客的生命安全无从保障。因此，制动系统是高速铁路上旅客安全最后的防护。

列车的运行速度提高一倍，制动距离就要增加 3 倍以上，而制动功率则需要提高八倍。要在短时间和短距离内将如此巨大的动能转移耗散，需要有足够大功率的制动装置和反应灵敏的制动控制系统。普速列车的刹车方式和自行车类似，采用车轮闸块抱住车轮摩擦制动，车轮与闸块之间的摩擦产生的热量在空气中消散。然而，这套系统在高速列车上就不适用了，如果在高速列车上继续使用闸块制动，闸块与车轮摩擦产生的热量足以融化闸块。所以高速列车制动系统采用的是一套全新的复合式制动系统。

（1）小闸片大能量

高铁跑的快，刹起车来也不含糊，小小闸片在其中扮演重要角色。闸片学名摩擦副，闸片夹住车盘，将车在运行中所有能量，车的速度和载重量，转移到摩擦副上，能量在摩擦副上吸收转化成热量散到大气中。

以 8 辆编组的和谐号 CRH3 动车组为例，我们来计算制动所需的能量。当列车速度达到时速 300 公里时，牵引输出总功率达到 8800 千瓦，但当它从 300 公里时速实行紧急刹车，在短时间内吸收的能量高达 350 兆焦耳，所需的制动功率比牵引功率大 5 倍多。如果对这些数字没有直观感受的话，我们与飞机落地时能量消耗做个对比。飞机落地的时候，摩擦速度 35 米每秒，摩擦系数 0.26；高铁速度换算成摩擦速度为 45 米每秒，摩擦系数 0.35。高速铁路制动时的摩擦速度、摩擦系数和能量都比飞机苛刻，制动盘吸收能量高铁是飞机的 4 倍。除此之外，飞机的落地速度，跑道的长度和速度压力数值是在一个固定区间的，因此飞机制动条件几乎是恒定的；而高铁制动的场景是不固定的，制动速度可能是 50 公里每小时，也可能是 300 公里每小时，是不可预测的变量，在这样的情况下保持性能，从材料和原件来说高铁比飞机的要求更苛刻。

闸片是结构简单的产品，但技术含量非常高，涉及到材料学、机械学和物理学知识，同时需要使用计算机模拟，分析在温度变化时材料性能发生了什么样的变化，进行比较和探索。高铁上一块优秀的闸片首先要有稳定的摩擦系数，保证长时间在 300

度，瞬时 900 度时不出现明显衰退。同时在现场各种风霜雨雪环境下有足够的机械强度，不出现变形、损坏等情况。只有经过行业认证和严格测试的闸片才能上车工作。

（2）制动能耗分类

按照动能消耗的方式划分，高速列车制动方式分为摩擦制动和动力制动。摩擦制动方式是通过摩擦把动能转化为热能，在空气中释放热能；动力制动方式是把动能通过发电机转化为电能，然后将电能从车上转移出去。

摩擦制动之盘形制动

盘形制动是在车轴或车轮辐板侧面安装制动盘，用制动夹钳使两个闸片紧压制动盘侧面，通过摩擦产生制动力。与传统闸瓦制动相比，盘形制动的优点突出，既可以大大减轻车轮踏面的热负荷和机械磨损，且制动平稳，制动效率高，噪声小，提高了列车运行的安全可靠性。所以它成为世界各国高速动车组最广泛采用的基础制动装置。

动力制动之再生制动

反向牵引就是制动，将牵引电机变成发电机，就可以制动。再生制动把动车组动能转化为电能，将电能反馈回电网，通过接触网供应给相邻区间动车组使用，而不是发热发散掉。这种制动方式有很多优点，显而易见的是它不磨耗闸片，大大减少了闸片的更换，而且能量可以回收供给其它动车组使用。即使这种制动方式放回的能量只有 5%，但由于动车组功率大，依然可以节省大量能源，所以动车组上优先使用这种制动方式。

其他方式制动

除此之外，由中车青岛四方厂制造的 CRH380AM 型高速试验车，还使用了风阻制动。在列车刹车时，列车端部升起一块 1.5 米宽，0.8 米高的风阻板，如同飞机降落时两侧机翼上打开的扰流板，加大动车组空气阻力。德国、日本还使用了涡流制动，制动时将一套电磁铁置于钢轨上方，通电后，电磁铁与钢轨间产生涡流发热，将动能转为热能消耗掉。

（3）制动用途分类

按照高速列车的制动用途分类，制动可以分为常用制动、紧急制动和辅助制动，辅助制动又包括救援制动和停车制动。

常用制动

在列车正常运行时使用，一般用来调节车速，制动力缓和，通常只会用到列车全制动力的 2 成到 5 成。

紧急制动

在紧急情况下为使列车尽快停车而施行制动，要把列车制动能力全部用上，而且作用迅猛。公交车紧急刹车，乘客人仰马翻，飞机降落稍猛，乘客在飞机落地瞬间心里也会咯噔一下，如果真赶上高铁的紧急制动，也能切身实地的感受到其推背感。紧急制动在动车组安全系统中占据极高的地位，因为它是最后一道防线，可靠性必须最高。但高可靠性要付出代价，上一次紧急制动要花不少钱。所以正常运行时，动车组是不会上紧急制动的，而是使用常用制动档位调速。

救援制动

救援制动指的是高速列车发生故障时，需要动用救援列车拖车。这时候救援车与故障车连挂，救援车发送不同的制动命令给故障车，故障车可以读得懂救援车的制动信号，配合施加制动命令。

停车制动

为了动车组在重车载荷下，能在坡道上安全停放而不溜走，需要在停车时加上制动。传统的防溜方法是个笨方法，即在列车轮子下面插入铁鞋，这种防溜的方法对铁鞋的设置和撤除有很高的人工要求，要绝对防止带着铁鞋开车。2009 年 4 月 22 日，怀北机务段 3513 号机车在密云站开车时，由于铁鞋未撤除，造成机后一列车辆脱钩。所以我国的动车组绝大部分使用自动化的系统来代替铁鞋。停车制动采用弹簧储能式，在列车停车时施加最小制动力，以避免列车出现溜车现象。

性能衡量

列车制动性能可以用紧急制动距离来衡量。在考虑到各种安全裕量的情况下，对紧急制动距离有严格的要求。以京沪高铁为例，时速300公里高速列车紧急制动下标准停车距离是3.7公里，超过4.5公里被视为不良状态；时速200公里高速列车，紧急制动下标准停车距离为1.8公里，超过2公里被视为不良状态；时速350公里"复兴号"高速动车组，紧急制动大约需6.5公里制动距离，而常用制动下，则需要10公里的制动距离。

3.3.车轮防滑

动车组上所使用的制动系统都是直接或者间接利用轮子与轨道之间的摩擦来制动。利用轮子与轨道之间摩擦的制动方式有一个最大的可用制动力的问题，紧急制动时，可能出现抱死的现象，轮子沿着轨道滑行，为了避免出现这种滑行，动车组上设置了专门的"防滑系统"。

动车组的防滑系统与汽车上所使用的ABS系统是类似的，但汽车抱死以后除了制动力下降外，还必须考虑会存在转弯失控的危险。车轮防滑保护系统包含速度传感器测速装置和车轮防滑保护控制模块，每个车轴都单独设有防滑控制阀。通过检测分析每个车轴的速度信号和制动力，当某个轴转动速度相对其他轴严重滞后时，系统认为该轴存在抱死的风险，就会使防滑阀动作，启动或者缓解相应制动缸压力，达到最佳的制动黏着力。这样，既可以保持尽可能大的制动力，又可以达到控制列车滑行的目的。

3.4 速度和距离

高铁对速度和距离测量的准确度和实时性要求远高于其他交通方式。只有列车知道当前的准确位置和速度，以及车头距离前方列车或者站台的距离，并结合线路条件，才可以计算列车当前允许运行的安全速度。司机通过显示屏查看运行速度和允许速度的差值，做出判断是否应该上牵引加速运行，或者保持当前速度惰行，或者上制动减速。我国高速列车上车载设备通过轮轴速度传感器和雷达，以及定位应答器共同完成测速测距功能。轮轴速度传感器和雷达的工作原理可以使用初中物理知识理解。

速度传感器

速度传感器内的光栅盘与车轴同步转动，红外发射管发出的射光打在光栅盘上，当红外射线被光栅盘挡住时，红外接收器输出低电平；当红外射线穿过光栅盘时，红外接收器输出高电平。高低电平的变化频率与列车运行速度成正比，从而计算出列车当前速度。

多普勒雷达

利用雷达波来侦测移动物体速度的理论基础源自"多普勒效应"，此现象是 19 世纪奥地利物理学家多普勒发现的。多普勒效应的原理是当无线电波在行进的过程中碰到物体时，该无线电波会被反射，而且反射回来的波，其频率和振幅都会随着所碰到的物体的移动状态而改变。若物体是朝着无线电发射的方向前进时，反射回来的无线电波就会被压缩，因此该电波的频率会随之提高；反之，若物体是朝着远离无线电波运行方向行进时，反射回来的无线电波的频率会随之降低。列车行驶时，安装在列车底部的多普勒雷达持续向地面发送电磁波，利用反射波与发射波的频率差，依据多普勒频移公式计算出列车速度。

两种测速方式各有千秋。速度传感器可靠性较高，但是车轮空转滑行时误差增大，且精度受车轮磨损影响；雷达测速能在一定程度上避免空转滑行误差，但其抗干扰能力差。因此针对两种传感器优缺点，通常采取的做法是冗余使用两种传感器来弥补单一传感器的不足。当两路传感器测量的速度值相近时，列车可以放心的使用该值来计算精准控车；两路传感器测量的速度值相差较大时，必然至少有一路传感器返回了错误的值，这时候列车应当保守的判断其速度值，采用较大的速度值来计算控车方式；当两路传感器持续输出差值较大的速度，此时可以判断列车的速度传感器已经不可靠了，必须降速运行。

知道了列车当前的速度，和通过上一个应答器获得的绝对位置，就可以动态的计算列车当前的位置。但是速度传感器存在误差，因此列车越驶离前一个定位应答器，其估算的位置偏差越大，所以当通过新的应答器时，可以重新确定列车的位置，消除之前累计误差。

卫星定位

说到定位，不得不提日常开车出行广泛使用的卫星定位系统。手机常用的定位功能是由美国GPS全球定位系统提供，这是全球首个卫星定位导航系统，经过十几年商业应用不断优化后，已经能充分满足日常出行需求。考虑到卫星定位在国防建设、国家安全和交通运输方面的重要性，几乎在同时间段，中国空间技术研究所开始研究设计我国自主的卫星定位系统——北斗卫星导航系统。随着第一颗"北斗一号"卫星于2000年10月31日升空，之后更多的卫星被陆续送入太空。目前北斗卫星导航系统已初具规模，可以为中国及周边地区的用户提供优质的导航定位服务。而随着组网卫星数量的不断增加，北斗卫星导航系统所能提供服务的区域以及服务质量也会逐步提高。

被誉为"天路"的青藏铁路是修建在世界屋脊的高原铁路，格拉段的平均海拔达到4500米。由于高原冻土和高寒缺氧，沿线生活条件和工作环境恶劣，技术人员和工作人员缺乏，在线路设计时力争实现"免维护，基本无人化管理，全线运行时间最短"的目标，于是选择使用卫星定位完成列车测速测距功能。使用卫星定位的好处显而易见，不仅大大减少了地面设备铺设，更使得铁路建设和维护工作量大幅降低。青藏铁路是目前我国唯一使用卫星定位的线路，不过那时候北斗卫星导航系统尚未成熟应用，卫星定位系统由美国通用公司研发并提供。

随着国人骄傲的北斗卫星导航系统的出现，将系统应用到铁路运输中已经提上日程。况且北斗卫星导航系统与美国 GPS 系统相比，设计时充分考虑到中国多高山的特殊地理环境，在定位时具有高仰角覆盖的优点，在高大建筑物、山体、隧道等卫星遮挡严重的区域，北斗卫星导航系统依然可以提供优质定位服务。

2018 年北斗卫星导航系统在青藏铁路格拉段开展应用测试，工作人员在格尔木电务段搭建了列车定位车载系统，测试北斗卫星导航系统的定位精度、测速精度、覆盖度和可用性等。从青藏铁路实际测试结果来看，绝大部分时间可见卫星数都在 6 颗以上，卫星可见度较低（隧道和山体遮挡地区）的线路总长度不超过 10 公里。随着试验的成功，可以预见今后北斗卫星导航系统将会更多的应用于列车定位系统中。

4.系统工作原理

列车运行控制系统等级越高，其适用的速度越高。当列车速度从 200 公里每小时提高到 300 公里每小时，从信号与系统方面说，需要列车与地面之间交互的信息更多，因为只有列车获取的前方路段的相关信息越多，驾驶速度才能更快。为了及时获取更多信息，对车地通信带宽的要求更大，如果将既有线路的车地通信带宽类比于乡村公路，那么 CTCS–2 级系统的车地通信带宽则是国道，而 CTCS–3 级系统通信带宽更是达到了高速公路。

4.1.CTCS2等级工作原理

CTCS–2 级列控系统是在我国铁路既有线成熟信号技术设备基础上，结合干线铁路提速及时速 250 公里的客运专线建设需要发展起来的。CTCS-2 级系统由地面设备和车载设备构成。地面设备包含了列控中心、计算机联锁、轨道电路、应答器和调度集中等设备。车载设备包括了安全计算机、测速单元、轨道电路信息接收单元、应答器信息接收单元、制动车接口、司法记录单元、人机界面等。

　　CTCS-2 级列车与地面之间数据交互的媒介是轨道电路和应答器。在简单的应用场景中,只考虑一条线路上追踪的两辆列车,那么后车此时的允许速度是如何计算的呢? 后车需要收集的信息包括两个部分:车头距离前方列车所在轨道始端的距离和这段距离上的线路固有限速信息。线路的固有信息是列车经过地面应答器设备获取的,包括前方路段线路允许运行最高速度和区段的临时限速,以及前方闭塞分区的长度。车头距离前方列车所在轨道始端的距离由轨道电路获取,轨道电路根据列车占用检查判断前方列车位置,以码序形式提供空闲闭塞分区数量,后方列车根据闭塞分区数量和闭塞分区长度计算出安全距离。收集全部信息后列车车载设备综合计算出目标距离,生成速度曲线,监控列车安全运行。

4.2.CTCS3等级工作原理

　　CTCS-3 级系统与 CTCS-2 级系统相比,地面设备增加了无线闭塞中心、GSM-R 无线通信网络,相应的车载设备增加

GSM-R 无线通信单元及天线接收单元。

在 CTCS-2 等级下，无论是应答器还是轨道电路，信息流都是单向传输。且应答器设备传输的信息长度固定，信息收发的地点固定。CTCS-3 级列车与地面之间数据交互是通过 GSM-R 无线通信实现车地信息双向传输，地面可以实时掌握列车速度、位置状态等。基于 GSM-R 实现大容量的连续信息传输，可以提供最远 32 公里的目标距离、线路允许速度等信息。车载设备根据无线闭塞中心的行车许可，生成连续速度控制模式曲线，实时监控列车安全运行。

CTCS-3 级列控系统设计充分考虑了中国铁路高速度、高密度、短间隔、上下线运行等运输需求。CTCS-3 系统控车时，当无线通信受到干扰连接超时或者地面无线闭塞中心故障时，可不停车自动切换到 CTCS-2 级继续高速运行，最大限度减少故障对运输的影响。CTCS-3 到 CTCS-2 不停车转换是中国列控系统的创新，极大的提高了铁路的运行效率，并且采用了更为先进的设备制动优先的制动减速和停车控制方式，有效减轻了司机劳动强度，进一步提高了列车的运行安全。

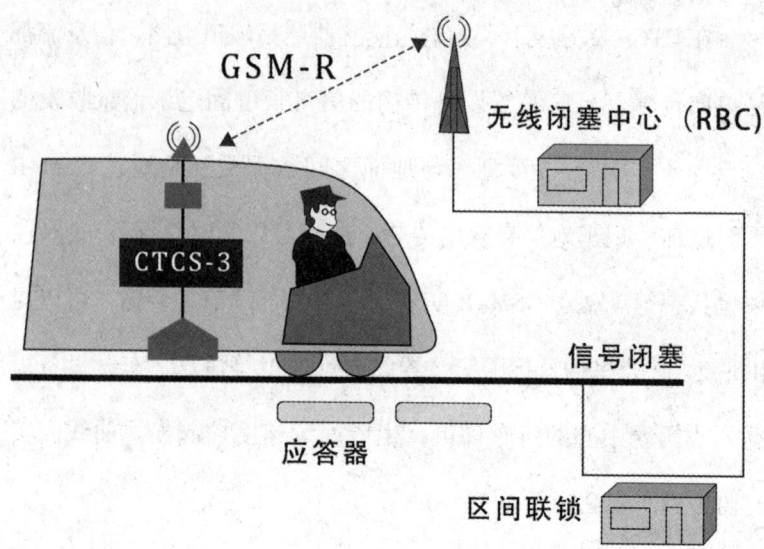

图14 CTCS-3级列控系统原理

第三章 自动驾驶

人类对自动驾驶的向往和追求从交通工具诞生之日起便伴随而生，电影里的未来世界，无论是驰骋的高速汽车，还是穿梭于高空的小型飞船，都井然有序地自动运行着。国内外互联网巨头们，如谷歌、亚马逊、百度、滴滴等，在此领域投入大量的人才和资源，并且得益于传感器精度的不断提高，以及更快速处理算法芯片的研制，自动驾驶技术飞速发展，自动驾驶也成为互联网2018年年度热词。

在2017年7月份举行的全球品牌峰会上，奥迪发布了新款A8，这是全球第一款达到Level 3级别的自动驾驶量产车。Level 3级别下司机允许双手脱离方向盘干其他事情，如看报纸、玩手机，或者欣赏周围美好的景致；2018年11月在浙江乌镇举行的第五届世界互联网大会上，百度研发的4米多长的无人驾驶汽车"阿波龙"号亮相。"阿波龙"是一辆新能源汽车，最多可承载14人，最高时速可达120公里每小时。这辆外形极具现代感的未来汽车与传统汽车相比，内部没有驾驶位和方向盘，操控汽车的方式是通过移动终端设置好起点和终点，以及开关门时间。设置完成后，这款无人驾驶的汽车就可以上路了。

在汽车领域，由于对路况要求苛刻，自动驾驶技术目前还没有广泛应用。但是在轨道交通领域，列车运行在两根轨道上，环境相对封闭，"无人驾驶"的畅想已经在珠三角城际铁路实现，且在不远的未来时速 300 公里以上的高铁也将全面应用。

1.历史进程

自动驾驶涉及车辆、信号、通信、监控、站台门等多个专业，是基于现代计算机、通信、控制和系统集成等技术实现列车运行全过程自动化的新一代城市轨道交通系统。在现代轨道交通历史中，人们一直在摸索、改进自动驾驶系统，从法国的里尔1号线到北京的燕房线，每条新线路的开通，让人类离自动驾驶又更近一步。

根据国际公共运输协会统计，截止到2017年底，全球共18个国家的39个城市拥有自动驾驶运营线路62条，总里程约996公里；预计到2025年全球自动运行线路里程达到2300公里。国外75%在建新线、40%的既有线改造将采用自动驾驶技术，预计2025年全球自动驾驶线路里程2300公里。目前国内12个城市规划了1150公里的自动驾驶线路。

1.1.法国一马当先

1977 年世界上第一条无人驾驶地铁列车——法国里尔 1 号线动工。历时 7 年于 1984 年 5 月建成通车。选择里尔是因为其优越的地理位置,里尔是法国北部最大的城市,是欧洲地区的十字路口,乘坐高铁到巴黎 1 小时,伦敦 1 小时 20 分钟,布鲁塞尔 38 分钟,这使得里尔成为通往欧洲的门户。

里尔 1 号线和 2 号线共计 45 公里,沿路设置 62 个车站,包括 13 公里的地下线路。里尔地铁开始运营以来,客运量不断增长,年客运量已达 2 亿人次。里尔地铁的行车控制,售票和检票,以及车站管理全部实现了自动化,从而使运营管理费用比传统地铁减少近一半。除此之外,里尔地铁车厢采用橡胶轮,降低了车厢的震动,粘着性能良好,加减速易于控制,提高了行车密度,缩短了候车时间。迄今为止,里尔地铁尚未发生过行车和人身伤亡事故。

1998 年,为纪念巴黎地铁 100 周年,巴黎第一条无人驾驶地铁 14 号线开始运行,地铁列车装备了全新的列车自动控制和自动防护系统,实现了无人驾驶全自动运行。可以保证高峰时期列车的间隔时间为 85 秒,几乎达到理论计算的安全行车间隔 75 秒。运行速度的加快和发车时间的缩短,使得运送能力大增。根据官方数据估算,巴黎地铁 14 号线每公里运营成本仅为 1.2 欧元,对比其他地铁线路 2.5 欧元的运营成本,14 号线每车每公里成本降低 30%，高峰时段运输能力提升 10%。该线还采取了其他一些改善措施，如改进上下扶梯和电梯的设计，在站台加装玻璃防护栏栅，以防止乘客坠下轨道等伤亡事故，从而使地铁更安全、准时、高效。为确保乘客安全，车站和列车上都安装了与调度中心进行直接联系的无线呼叫装置。中心工作人员可通过屏幕了解车上和站内情况。

1.2.中国厚积薄发

2008 年 7 月，国内首条按照全自动运行等级建设的北京机场线开通。这是北京市轨道交通线网规划中的一条客运专线，由市中心向东北方向连接首都国际机场，主要服务于航空旅客。线路全长 28 公里，共设东直门站、三元桥站、T2 航站楼站及T3 航站楼站 4 个车站。北京机场线是我国自动驾驶领域的一次尝试，仅在正线运营由无人驾驶系统控制，在列车上仍安排有驾驶员，主要负责应对紧急情况。

2014 年 8 月，上海 10 号线开始应用有人值守的全自动运行。上海轨道交通 10 号线的无人驾驶系统是按照目前国际上最高等级 4 级实施的，整个运营过程包括正线运营和停车场运行全部都可实现自动控制，并制定有详细周全的运营规则。相对于北京机场线，上海 10 号线的自动化程度更高，如每天清晨列车会被时刻表自动唤醒、自检，运营结束后列车回库、清洗等全部由系统根据预定的时刻表自动实现。

北京燕房线，采用完全自主化全自动运行技术，全线采用高架线全封闭路线，列车最高运行时速为 80 公里，采用 2 动 2 拖 4 辆编组形式的 B 型不锈钢车辆。这套自主化全自动运行系统从 2010 年开始研究，历经 6 年努力完成系统的核心技术研发，最后成功在燕房线示范应用，是国家级示范工程。截止到 2018 年 3 月份，燕房线各主要行车相关服务指标，包括时刻表兑现率、列车正点率、清人率，影响行车设备故障率达到国际先进水平，运行兑现率 100%，运行正点率 99.99%。

2.必然选择

2.1.孤独的掌舵

列车司机是一份让人羡慕却又孤独的工作，他与医生，警察一样，为人民生命安全提供保障，肩负着把全列人员安全送达目的地的使命。2017 年春运时期，央视二套经济半小时节目跟踪报道了高铁司机的一天工作。

报道的对象是北京铁路局京沪高铁车队的一名司机苗铮。镜头里在京沪高铁车队的派班室，苗铮按照规定进行出勤登记、酒精测试等等。这是每次工作前必须做的工作，只有通过一系列严格的检查，他才能够开始这一天的工作。京沪高铁车队的每一位高铁司机，都能称得上是老司机，都具备至少有 10 年以上的列车驾驶经验。驾龄足够只是成为高铁司机的必要条件，再经过层层选拔、测试、学习和实战，才能够成为时速 300 公里的高速列车的指挥官。

京沪高铁车队一共有 190 名司机，每天在岗的有 160 多名，负责 115 对往返列车的驾驶，这也就意味着，每位司机师傅的休息时间都很少，而春运期间，京沪高铁还要增开车次，车队的师傅们会更加忙碌。

登记完毕，镜头跟随司机进入北京南站。苗铮踏上了今天他当班的列车，进入了驾驶室。在这个不足四平米的高铁驾驶室里是所有高科技集合的地方，最前方是流线型墙面，由减速玻璃制成；驾驶室前方集成了各种仪表盘，向司机显示列车的实时状态。每一列高铁列车的驾驶都由一位司机独立完成，每天少则 1000 公里，多则两三千公里，这个不足 4 平方米的驾驶室，就是高铁司机们独自坚守的岗位。

高铁司机难得清闲，要不停地做各种手势并"自言自语"，自己提醒自己确认无误。驾驶 16 节车厢的高铁列车，从 45 公里每小时，提速到 300 公里每小时，苗铮目不转睛地盯着前方和仪表盘。"目标速度，250 公里；断电好；70 公里；过分相，注意；断电；闭合好，过仪表，显示正常，目标速度 310 公里。"行车中，苗铮不断地做着手势，喊着口号，这是每个高铁司机在列车驾驶中的规范动作。对列车的每一个操作，他不仅要执行，还要喊出来确认，更要做出手势提示自己注意力集中。高铁司机上班时必须随身携带一只录音笔，所有的语音都被记录下来，并会被抽查分析。

　　驾驶室内有一个恒速按钮，相当于汽车的定速巡航。但是，高铁在行车过程中，并不是匀速行驶的，有时需要加速，有时需要减速，坡道、弯道、进站等速度要求都不一样，这都需要司机调整速度。右手使用的手柄相当于油门，左手使用的手柄相当于刹车。在行车过程中，屏幕上有一个速度曲线，这相当于要求列车应该保持的速度。一名合格的高铁司机，实际车速和允许车速相差不超过5公里每小时。

　　乘坐高铁时会发现，站台上标注了不同车厢候车的具体位置。旅客站在这个位置，高铁停车时，相应车厢的车门会准确对应候车点。这看似简单，却并不容易做到，但对高铁司机来说是最基本的要求。高铁司机停车时，误差不得超过20厘米。16节车厢的高铁长度400米，这么长的列车停车时，误差不超过20厘米，比汽车定点停车难多了。在站台的尾部有一个标牌，是司机停车的参照物。司机的眼睛、驾驶室内的某个位置以及标牌成一条直线时，就是停车的位置。

　　每天，高铁司机们都在重复着一个人的征程，但是他们的肩上却担负着每列车一千多名旅客的舒适和安全。

2.2.触目的数据

　　根据人因工程研究，即使经过良好培训的有经验的操作人员，其重复执行一千次熟练操作也会出现两三次失误。2014 年，德国铁路共发生 1700 余起事故，其中人为原因造成的事故占比例超过半成。从官方统计数据看，2010 年至 2014 年间，人为原因造成的事故百分比呈现逐年上升的趋势。驾驶员在应对日趋复杂的轨道交通系统时，越来越容易出错。

表4　德国铁路事故统计

年	相撞	脱轨	人员事故	平交道口	列车火灾	其他事故	总数	人员事故百分比
2014	365	230	898	172	71	3	1739	51.64%
2013	350	262	799	158	53	7	1629	49.05%
2012	396	239	798	176	64	9	1682	47.44%
2011	307	289	670	178	66	12	1522	44.02%
2010	401	321	643	221	60	16	1622	38.69%

司机的行为具有离散性，操作具有动态性、不确定性和复杂性，这些都是潜在的安全隐患。与计算机相比，司机的操作处理需要较长反应时间，在遇到紧急情况时，司机往往需要从多个因素综合判断，才会做出反应，这可能会错过及时处理异常的时机；在列车运行中，外部环境多变、设备异常偶发、对司机也提出更高的要求。

自动驾驶是轨道交通运输能力提升的需要，北京多条地铁已达到运力极限，高峰时有 75 座车站限流；自动驾驶是轨道交通服务质量提升的需要，高效、准点、不间断的运输服务是大城市繁忙线路的客观需求；自动驾驶是轨道交通可持续发展的需要，北京地铁用电量年年递增，至今可达每年 16 亿度，与人工驾驶相比，优化后的自动驾驶算法可节约 6% 的电能。

因此，轨道交通控制系统的智能化和自动化是必然趋势。

3.等级定义

实际上国际电工协会制定的标准 IEC62290-1（铁路设施，城市指导运输管理和命令、控制系统第一部分系统原则和基本原理）中有明确的自动驾驶等级定义，按照轨道交通线路自动化程度定义了 4 层自动化等级（Grade of Automation，GOA），自动化程度从低至高为 GOA1 至 GOA4。

人工驾驶（GOA1）：列车运行控制系统连续地监督列车速度，等同于装有列车自动防护系统（ATP）。

半自动驾驶（GOA2）：等同于装有自动驾驶系统（ATO），自动化程度相比上一等级有了进一步提升。

无人驾驶（GOA3）：列车上不再安排专职司机。由 ATO 设备替代司机完成列车加速和制动功能，自动化程度进一步提高，仅安排乘务人员以应对突发事件。

无人驾驶（GOA4）：列车上不安排任何工作人员，自动完成。

表5　自动驾驶等级划分

自动化等级	驾驶模式	列车运行控制	停站	关门	启动列车	故障应对
GOA1 人工驾驶	ATPM	人工	人工	人工	人工	司机
GOA2 半自动驾驶	ATO	自动	自动	自动/人工	人工	司机
GOA3 无人驾驶	有人值守	自动	自动	自动	自动	列车值乘人员
GOA4 全无人驾驶	无人值守	自动	自动	自动	自动	自动

从国际电工协会制定的标准中看到，自动驾驶不仅仅指的是把动车开起来，还包括列车精确停车、车门与站台门联动并自动开关，车站定点停车及车站通过、折返作业、列车运行自动调整、车口和站台口防护及联动控制、列车运行节能控制等。

表6　自动驾驶职责划分

		GOA1	GOA2	GOA3	GOA4
保障列车安全运行	保障进路安全	√	√	√	√
	保障列车安全间隔	√	√	√	√
	保障安全车速			√	√
驾驶列车	控制列车加速和减速		√	√	√
线路检测	防止冲撞障碍物			√	√
	防止冲撞轨道上人员			√	√
乘客运送检测	乘客门控制				√
	防止车厢或站台人员受伤				√
	确保安全发车				√

列车运行操作	休眠唤醒				√
	检测列车状态				√
紧急状态	列车诊断、烟火检测、脱钩检测、紧急疏散				√

自动驾驶系统每天早上接收运行计划，自动从休眠状态唤醒，自动完成列车的静态检查、动态检查、网络通信检查、照明检查、开关门测试等。自动驾驶系统通过自动化技术和智能化运行，大量通过设备或技术手段代替人员操作，提高系统可靠性、安全性、可用性及可维护性，提升运营、系统应急处置水平。

自动驾驶包括自动停车，车库门联动、自动洗车、轨道障碍物检测、应急联动，并负责调整空调、照明等设备参数。同时，信号车辆运行及故障信息实时上传，加强运营功能。这样节约了司机操作时间，提高了站台有效停站时间，缩短了列车折返间隔，最终可以实现 24 小时不间断运输服务。自动驾驶系统还为确保列车精确对标停车、正确开关车门提供有力的技术保障。

全自动化运行可以取消列车运行对司机的依赖，自动化设备的引入减少了枯燥劳动岗位；将更多的人力安排在乘客服务和安全运营保障方面。

4.大胆尝试

4.1.项目背景

　　珠江三角洲位于我国广东省的东南部，珠江下游，与香港，澳门隔海相望，海陆交通便利，是中国的"南大门"。作为中国经济发展的龙头区域，珠江三角洲地区具备了城际轨道交通的建设条件和需求。

　　在《珠江三角洲地区发展改革规划纲要》中，明确了珠江三角洲地区同城化建设和发展战略，建设珠江三角洲地区安全、快速、高效、环保的城际轨道交通网，形成以广州为中心的主要城市间一小时互通，三大都市区内部一小时互通的时间需求目标，实现区域经济整体快速发展和可持续发展的目标。

　　珠三角地区与港澳地区间的城际客运运输，实现了密集开行公交化列车的新型公交化运输，覆盖珠三角地区县级以上城市和二级城镇中心。轨道交通线路呈网形三环八射的网络架构，分为区域客运干线和区域城际快线两个层次，适应了珠三角城际客流的出行特征，线网的便捷性与功能性突显出来。最终通过对土建工程投资、运营成本、客运量、旅客节约时间价值以及运价水平与旅客支付能力等因素的分析，按照效益最大化原则，通过对各个方案进行综合比较，最终确定珠三角城际轨道采用时速 200 公里目标值。

4.2.设计规划

这次规划突破了地域界限，将港澳地区纳入规划范围内，轨道交通在港深间形成了中、西、东三条连接线路，在珠澳之间形成了一条连接线路，大大加强了港澳地区和珠三角地区的经济联系，对粤港澳特别合作区的建设具有积极的推动作用。除了线路规划上的创新探索和高瞻远瞩，在信号与系统选择上，更是先人一步在时速 200 公里线路上增加自动驾驶功能。

2010 年 10 月 15 日原铁道部和广东省以铁计函（2010）1330 号"关于珠三角城际轨道交通建设领导小组第二次会议纪要"明确珠三角城际铁路采用 CTCS2 + ATO 系统和其特殊运营需求：

1. 城际网内配属 CRH6 型动车组，8 辆编组，列车最高运行时速为 160 公里的每站停靠列车和最高运行时速为 200 公里的大站停靠列车或直达列车；

2. 城际网内不同线路之间、城际网与国铁之间列车跨线运营;

3. 城际网内正线按双线双方向运行设计,正线区间正向运行采用自动闭塞方式,正向最小追踪间隔 3 分钟,反向运行采用自动站间闭塞方式;

4. 车站设于地下、或地面或地上高架桥上,地下车站站台区域装设有屏蔽门,地面及高架车站站台区域装设有安全门;

5. 采用公交化运营方式,有站停时间要求。

4.3.项目实施

莞惠城际连接惠州和东莞,全长 103.1 公里,全线共设 18 个车站,设计时速 200 公里,是国内首条实现自动驾驶的城际铁路。中国通号研究设计院集团负责全线通信、信号、信息和防灾系统集成和 CTCS2+ATO 列控系统设备,上海工程局集团负责通信、信号、信息和防灾工程施工。

为了满足项目的需求,列车控制系统由中国通号量身定制,为其研发的"高铁 + 地铁"的混血儿模式。系统在成熟的高铁 CTCS-2 级列控系统基础上,增加地铁列车自动驾驶功能(ATO),属于衍生列控系统。CTCS-2 级列控系统主要应用于时速 200 公里以上的高速铁路,而 ATO 系统则一般用于地铁列车的自动驾驶,CTCS2+ATO 列控系统将地铁特性移植到城际铁路,融合高铁的快速与地铁的便捷，有效适应城际铁路高速度、大流量、站间距短、公交化运营的特点，满足城际列车最高时速200公里，最短追踪间隔3分钟的运行需求。

列车不仅可以自动运行，而且具备车站定点停车功能，停车误差不超过两公分；能实现运行自动调整，到站后可以自行折返作业；车站站台设置的站台门与列车门可联动控制。系统的自动驾驶功能是在既有列车运行控制系统的基础上，车载设备增加自动驾驶模块，地面设置专用的精确定位应答器实现列车精确定位和停车，地面设备实现站台门控制和运行计划处理。自动驾驶系统实现车站自动发车、区间自动运行、自动折返、车站自动停车、车门开关控制、车门／站台门联动控制等，能够大大减轻司机劳动强度，保证轨道交通运输安全，提高轨道交通运营效率。

莞惠城际装备的 CTCS2+ATO 列车运行控制系统是我国高速铁路走向自动驾驶的一次飞跃，实现了高速铁路的综合自动化和智能化，并实现了与国铁互联互通，为未来的城际铁路建设提供了借鉴。

5.系统升级

在时速 350 公里的 CTCS-3 级列车控制系统上应用自动驾驶技术，是不是听起来更酷？中国通号研究院乘胜追击，在上文提及的时速 200 公里自动驾驶的应用基础上，研制了全球首套适用于时速 350 公里的高速铁路自动驾驶系统，在实验室完成充分测试后，于 2018 年 9 月在京沈客专试验段完成现场试验。

为了实现自动驾驶功能，需要在既有 CTCS-3 级列控系统上进行改造和升级。车载设备增加自动驾驶单元，地面设备在临时限速服务器、调度集中、列控中心等设备上增加自动驾驶相关功能，在轨道上增加精准定位应答器。当司机确认列车进入自动驾驶状态后，列车完全处于托管状态，由自动驾驶单元向列车输出牵引、制动或惰行命令，控制列车速度。根据行车需要，调度集中通过计算机联锁将列车进路发送给无线闭塞中心，由无线闭塞中心发送行车许可给车载设备；调度集中通过临时限速服务器发送行车计划给自动驾驶单元。获取到以上信息后，车载设备计算生成目标距离连续速度模式曲线，自动驾驶单元以这条曲线为参考，综合考虑线路条件、运行计划等，输出控车指令，实现在节能优化和准点运行前提下的自动驾驶。列车驶入站台时，自动驾驶单元控制列车停准停稳，并自动打开车门和站台门；列车接近隧道时自动控制开关风门，提供给旅客舒适的乘车感受。未来调度集中将更加智能化，能够根据客流的变化智能地选择不同的运行计划，自动驾驶单元根据计划自动调整列车控制曲线，实现发车间隔和列车车速的动态调整。

CTCS-3级自动驾驶系统在设计之初就考虑到与既有的高速线路实现互联互通，装载自动驾驶单元车载设备的列车能够毫无障碍地运行在高速干线铁路的任何一个车站，达到零换乘或最佳换乘效果！

6. 未来趋势

列车运行控制系统像一台精密的仪器，各个部件准确无误的协调工作才能保证整个系统的安全运转。列控系统取得巨大成功，将列车安全送达 350 公里时速。但在实际建设和运营中也积累了一些经验并暴露了一些问题：首先是系统设备复杂，地面设备数量多，这直接导致设备之间的接口多，信息交互数据量大，而且设备的增多带来了系统建设成本和运营维护费用高昂；其次是现有的通信机制是基于车 – 地 – 车模式，通信中传输环节多，使得系统反应时间长，系统性能降低。

针对已有系统的经验和问题，在研究下一代列控系统的发展方向时，应该考虑应用前沿通信技术在支持大量信息的连续可靠传输的情况下，持续优化缩短通信延迟，提高响应速度；并且研究运行控制和自动驾驶一体化，提升列车自主防护能力，减少对地面设备的依赖，降低信号系统的建设成本和后期运营维护强度；尝试使用最新的定位技术和环境感知技术提高列车的智能化水平，最终实现无人驾驶运行。

为了解决上述的问题，提高系统的效率和能力，最直接想到的改进方式是放弃车－地－车通信方式，引入车－车直接通信方式，即列车与列车直接进行信息交互，控制中心由地面转向列车。通过功能再分配，优化系统结构，减少列控系统的地面设备，降低建设成本和运营成本。这是目前下一代列控系统的主要方向。

实际上法国的里尔一号线控制系统正是基于车－车通信，法国的里尔一号线在前文中介绍过，一直是走在系统创新前端的城轨线路。里尔一号线使用的是阿尔斯通最新列车运行控制系统，阿尔斯通的研发重点放在简化既有系统结构上，其目标是将进路和联锁功能集成于车载设备及目标控制器。系统除保留目标控制器和列车自动监督装置外，取消了联锁、区域控制器、计轴等地面和轨旁设备。系统的工作原理为车载设备通过列车自动监督装置接受行车计划，并根据线路地图获取前方轨旁设备编号，向对应的目标控制器申请使用轨旁设备；目标控制器响应车载设备申请，确认将轨旁设备分配给该车载设备；车载设备根据定位判断列车已经通过轨旁设备，并将其释放给其他列车使用；同时，车载设备与其他车载设备直接建立通信会话，实现列车之间的追踪运行。里尔一号线自改造后也因为系统得到优化从而减少了两成的信号设备，列车追踪时间也缩小为66秒，且车长翻倍，系统工作机制使列车运行更加富有弹性，列车可由其所处位置安全运行到任何地方，因没有来自联锁关系的约束和限制，线路变成公共区，在降低成本同时运输组织方案更加灵活。

下一代列控系统车载设备将集成电子地图，根据运营计划向地面预定线路资源，并与前车通信获取前车位置，主动探测前方障碍物，最终自主生成移动授权。与传统的列控系统相比，未来系统强调以列车自主控制为核心，增加车车通信方式，最大限度减少地面和轨旁设备，提高列车自主运行能力，降低系统耦合度，以更低的成本获得更高的运行效率。

第四章 保障体系

1.开通试验

高速铁路修建完成到开通运营之间大概还要经过如下程序：静态验收、联调联试和运行试验。其中，联调联试需要的时间较长，通常包括现场准备、逐级提速试验、信号集成商和信号系统联调联试、其他系统联调联试、全线拉通试验。

静态验收

静态验收，这一阶段通常是检查高铁工程的质量，对路基、轨道、桥隧、接触网等各个专业进行检查和验收。

联调联试

第二阶段为联调联试阶段，指高速铁路工程完成静态验收，确认达到联调联试条件后，采用测试列车和相关检测设备，对高铁各系统的功能、性能、状态和系统间的匹配关系进行综合检测、验证和调整、优化，使整个系统达到设计要求，满足开通运营的要求。

具体地，联调联试是以线路设计速度为目标，采用综合检测列车、测试动车组、检测列车和相关检测设备在规定的测试速度下对全线各系统进行综合测试，评价和验证供变电、通信、信号、接触网、客运服务、防灾等系统的功能，验证路基、桥梁、隧道、轨道等结构工程和振动噪声、声屏障、电磁兼容、综合接地和列车空气动力学等适用性；对全线各子系统、系统间的接口、整体系统进行调试和优化，使系统功能达到要求，为高速铁路的开通提供科学依据。

这里的综合检测列车是指安装有轨道状态、工网受流、车辆动力学、通信、信号等专业检测系统的专用动车组。测试动车组是指根据运营和测试需求采用的实际运营动车组。检测列车是指由牵引机车和电务试验车、轨道检查车、接触网检测车等专业检测车辆组成的列车。其编组为：内燃机车＋电务试验车＋轨道检查车＋接触网检测车＋内燃机车，或内燃机车＋隔离客车（车辆最高时速为160公里）＋综合检测车＋隔离客车＋内燃机车。

动车组逐级提速联调联试、接触网静态几何参数等非接触式检测等均采用装有检测设备的综合检测列车进行；列控系统功能验证采用装备有满足测试要求的不同型号的列控车载设备的动车组进行；新建线路的轨道、接触网等检测和线路、环境等确认，由检测列车进行，在条件具备情况下，检测列车最高运行速度为160公里。

业内根据是否通电，又将联调联试划分为"冷滑试验"和"热滑试验"。前者"冷滑试验"不会供电，由验收单位组织内燃机车头牵引着轨道检测车、接触网检测车上线"试跑"，目的是检查各系统设备安装和性能是否符合设计要求等。

"冷滑试验"合格，接着就是"热滑试验"了，"热滑试验"是在接触网送电的情况下，依靠试验列车自行运行，对供电、信号、通信、线路、机电等系统设备进行全面检测，一般是电力机车单机运行，保险起见，会加挂一节内燃机车，以防区间电力故障，试验列车没有动力。这个过程试验速度从时速80公里到120公里，再到160公里逐级提速。

热滑试验结束，试验速度可提升至时速160公里。然后检测列车从时速140公里开始，逐步提高试验速度至设计运营速度的1.1倍。若设计运营速度为250公里，则单列动车组试验最高速度为275公里，正线逐级提速试验的速度级依次为180公里、200公里、220公里、230公里、240公里、250公里、260公里、275公里，每个速度级运行3个往返；设计运营速度为350公里，单列动车组的试验最高速度就是385公里，正线逐级提速试验的速度级为 180 公里、200 公里、220 公里、240 公里、260 公里、280 公里、300 公里、310 公里、320 公里、330 公里、340 公里、350 公里、360 公里、370 公里、380 公里、385 公里。

在逐级提速试验过程中，除了信号系统，其他诸如路基、牵引供电等系统的试验都可在这一阶段适时安排进行。但因为电力运动系统、客运服务系统、防灾安全监控系统等一般工期在后，所以这些系统的联调联试安排在后期进行。

根据这几年的高铁运营经验，客运服务系统的测试一般在典型车站进行。防灾安全监控系统现场监测点采用抽测的方式。其中，大风监测点、雨量监测点、异物侵限监测点的抽测比例应不低于监测点总数的30%。轨道结构动力性能、道岔动力性能、供变电系统、路基和桥梁动力性能、隧道内气动效应、振动噪声、电磁兼容、综合接地等选择在全线代表性的地面测点进行。

运行试验

联调联试完成之后可以进行运行试验。主要是按运营相关规章和运行图组织列车运行，对高铁系统在正常和非正常运行条件下的行车组织和应急救援等能力进行全面演练，对运营人员进行全面培训，对各设备进行全面测试，使高铁运营条件达到开通要求。

具体来说，运行试验主要是按照运行图的要求，故障模拟和应急救援演练，验证列车运行图在区间运行时分的可靠性和兑现率；检验工务、供电、车辆等各系统在正常和非正常条件下运输组织的适应性，验证行车组织方式是否满足运营要求；检测设备故障或者在自然灾害条件下的应急处理能力，目的是为制定科学完善的运输组织方案提供有力的依据。这个过程的试验车通常为线路正式开通运营后的高铁动车组列车。

有意思的是，为了模拟载重运行，铁路部门通常会在每个座位上放三到四袋大米，以模拟旅客运行。这个模拟试验顺利结束后，高铁才可以正式开通运营。

2.动车组运维

当大家体验动车的舒适和快速时，是否知道，动车组朝发夕至，白天载客，晚上停在哪儿？又要经过哪些整修？

动车的安全性、高速性能更好地满足乘客的出行需求。为了保证动车的运行稳定和安全，需要对动车进行合理检修。

高速列车的检修已经不再是为维持列车运行而被动进行的一种辅助性生产活动，而是高速铁路系统综合保障工程中的重要组成部分，是高速列车运用的前提和安全的保障，是提高高速列车效能的重要途径，也是提高铁路运输企业竞争力的一个重要手段。

2.1.维修制度

高速动车组是高新技术密集型产品。可以利用系统工程理论，对车的可靠性和维修性进行分析，综合考虑设计、制造、运营和维修中积累的大数据集合，从而建立起统一的技术标准，以此指导高速动车组的生产、运营和维修工作。高速动车组检修制度以可靠性和舒适性为中心，实行计划定期检查和监控状态修理相结合，寿命管理、配件换件和主要零部件高度专业化集中修理相结合的维修制度。

高速铁路动车组的维护检修，分为根据修程制定的定期检修和运行状态中的日常维护检修。定期检修是根据动车的维修日程，对整车牵引动力设备及系统、电气连接控制系统、列车运行控制系统和车体结构等，强制进行的定期维护和检修。运行状态下的检修，是利用仪器仪表监测设备，获取实时数据，监控列车运行中有故障嫌疑的部件，并进行诊断、拆卸，维修或更换。这两种方式都可预防动车运行故障，保证动车运行性能，消除重大故障隐患。

高速动车组的检修频率和标准均高于普通列车，检修标准分为五个等级，等级越高，检修要求越高。一级和二级检修为运用检修，三级、四级、五级检修为高级检修。一级和二级运用检修在动车运用所内进行，三、四、五级高级检修在动车检修基地内进行。

例行检查

一级修是指动车组每次累计运行 4000 公里或 48 小时后，

对动车组进行的例行检修。主要内容为在运行整备状态下，完成消耗部件的更换、调整和补充等，同时对各部分的状态和性能进行检查，发现偶然发生的故障，在车辆使用的间隙进行维修作业。

重点检查

二级修是指动车组每次累计运行 3 万公里后，对其进行的部件专项化检修。主要内容为在不脱轮的状态下进行设备的检查和调整。

重要部件分解检修

三级修是指动车组每次累计运行 120 万公里后，对于运用中可能因状态不良而导致重大事故的转向架等重要位置进行解体检查。

系统全面分解检修

四级修是指动车组每次累计运行 240 万公里后，对各系统进行解体检修，并且进行车体的涂漆等工作。

整车全面分解检修

对整车进行截停，较大范围地更新零部件并对车体进行彻底的涂漆等。

2.2.机构设置

动车组的维修需要固定的场地和设备支持，我国遵循"集中检修、分散存放"、"优势设备相对集中"的基本原则，避免交叉作业和重复投资，设置了动车检修基地和动车运用所两种不同等级的维修机构。检修基地设置在主要的交通枢纽，同时根据运输组织需要以检修基地为中心设立若干运用所，形成维修能力的梯次结构；并区分维修任务进行科学组织，检修基地可承担第一至第五级的运用检修和高级检修，动车运用所仅承担第一二级的运用检修。

不论是检修基地还是运用所，动车组的检修都在一个偌大的"房间"里进行，这个"房间"就是检修库。检修库的设计和建造充分体现了"以人为本"的理念，极大程度上便于职工作业外，还考虑作业的信息化和智能化。

立体化

从车辆底盘到车顶受电弓的检修需要同时进行，因而检修库通常使用三层平台进行施工作业。底层为检修沟；中间层为车辆检查平台；顶层为接触网检查平台，一般采用固定平台或局部升降平台设备。

人性化

检修库的设计体现了人文关怀，减轻检修人员的劳动强度，创造良好的工作环境。例如：车辆的检修自动化和部件的模块化；将轨道架起、检修地沟设置于地上、安装隔音墙、设置醒目的有电警示牌和良好的照明设施及取暖设施等。

智能化

为了检修库的高效运作，检修基地和动车运用所都建立了庞大的信息管理系统，从检修计划开始到列车出库载客运行，整个作业过程全程信息共享，各工种密切配合。数据自动下载、多功能智能备品货架、故障数据自动分析、智能维修终端等技术手段一应俱全，用先进的技术守护动车组的运行安全。

（1）动车检修基地

只有具备一定规模和检修能力的动车段才称它为动车检修基地，它属于铁路局集团公司的下级单位。动车检修基地配属一定数量动车组，负责动车组的定期维修、故障处理、车辆停留及整备清洗。基地需要具备大修能力的设备条件，尤其拥有三四五级修的高级维修能力，并承担所有级别的维修。

检修基地既要考虑整列编组的检修，也要考虑列车的到发及夜间作业，它的功能区包括：基础线路、运用板块、检修板块、综合服务板块等。基础线路包括出入段走行线和存车线。运用板块完成动车组一、二级检修和动车组临修工作。检修板块是实施动车组三、四、五级检修的区域。综合服务板块是办公区域和生活服务区域的总称。

目前我国有北京、武汉、广州、上海、沈阳、成都和西安七大动车检修基地,辐射东北、华北、华东、华中、华南、西北等动车组密集地段。

北京:重点辐射东北、华北及京津环渤海地区,辐射管理京哈、京沪、胶济、石太等客运专线,环渤海地区、城际铁路等,管辖北京西、石家庄、济南、青岛等动车运用所。

武汉:重点辐射华中(中原)西南地区及华北部分地区、陇海东段(徐兰)等客运专线,管辖汉口、郑州等动车运用所。

广州:重点辐射华南及珠三角地区,辐射管理东南沿海、广深港客运专线、珠三角城际铁路等,管辖广州东、深圳、三亚等动车运用所。

上海:重点辐射华东及长三角地区,辐射管理沿江通道(沪汉蓉客运专线)东段、浙赣等客运专线、沪宁杭城际铁路等,管辖南京、上海南、杭州、南昌、福州等动车运用所。

沈阳:重点辐射东北地区,辐射管理哈大线、京沈线等,管理哈尔滨、长春、沈阳、大连等动车运用所。

成都:重点辐射西南地区,管辖成都、重庆北、重庆西、贵阳北等动车运用所。

西安:重点辐射西北地区,管辖西安、兰州、西宁等动车运用所。

（2）动车运用所

动车运用所简称动车所，是动车组的停车场和"4S"店，它主要负责动车组日常一二级检修和易耗品更换、运行故障处理等。截至 2018 年 12 月，全国已建成 59 个动车所，负责全国2700 多列动车组的检修工作。根据中国产业信息网统计，动车运用所检修设备及系统的投资规模约为 1 亿元左右。

目前随着高速铁路规划目标的不断实现，动车组的数量越来越多，运用维修任务越来越重，因而，动车所的数量还会继续增加，以满足繁重的维修要求。

动车所主要承担动车组一、二级运用检修，近几年根据实际检修能力及动车组开行方案，铁路部门不断优化、调整动车组检修生产组织，实现专业化、集中修的生产组织方式。同时，从规章制度、设备质量、检修设施、人员素质等方面加强动车组专业管理，积极开展标准化动车所创建，引入先进管理理念，强化设备质量控制，提升设备应急处置能力，确保动车组运用安全。

2012 年中国铁路总公司下发了"标准化动车所评定办法"，为了实施沿线标准化动车组的建设，提出了安全管理、过程管理、质量管理、技术管理、生产管理、团队管理、设备管理、信息管理、仓库管理等所有管理的规范化和标准化的建设目标，目的是全面提升动车所安全防控水平，不断提高动车组运用检修水平，实现动车所安全持续稳定。

任何机械设备，前台安全运行的后盾无一例外都是设备质量，动车组运用检修工作更是如此，提高质量是各项工作的重中之重。动车组运用检修实施预防性计划修，采用状态修和定期修相结合的方式，对检修人员的技术能力、个人素质、作业标准化的水平要求很高。铁路部门为了提高动车组日常检修质量，全方位向职工灌输一系列与动车组前台运行同步的后台维修管理理念，并以此为引领不断建立先进的管理文化和科学完善的管理系统，保障动车组检修质量，确保运营安全。

2.3.技术内容

（1）维修内容

动车组维修之前都会有检修计划，它的每一级都对检修内容做了步骤化、程序化的规定。这样可以使用尽量少的作业人员，将待检动车组上、中、下 3 个工作层次的 4 个工作面（中层包含两个工作面）首尾同时进行检修，在规定的时间内完成检修任务。各个级别检修的顺序是：首先进行基本清扫工作，然后根据各级别的检修周期，先检修最容易出现问题的部件，再对相对高级别要检修的部件进行外观检查及测试。检查中如有需要更换的部件，应联系信息中心报告情况，并由专人负责运送。

我国动车组的各级检修内容及其步骤归纳如下：

一级检修

一级检修为例行或日常检查，在动车检修基地或动车运用所完成。

（1）下层工作面：通过目测检查车轮缺损、踏面剥离、探伤检查；检查轴箱及轴箱定位装置；检查基础制动装置配件是否脱落或损坏，各部分螺栓和连接件、开口销是否折损或丢失；检查车辆之间的联结状态；施行列车制动力试验，对转向架、制动、车钩、动力传动部分等部位进行全面检查，重点修理。

（2）中层工作面：进行车厢内部清扫工作，同时留意车厢内是否有部件破损（如扶手、座椅、门、窗等），以及防火、保暖检查，同时进行日常食品及水的补充。

二级检修

二级检修为重点检查，在动车检修基地或动车运用所完成。

（1）下层工作面：首先进行一级检修中的外观检查；重点进行主要部件的检查包括牵引电机的内外部检查，辅助电机、牵引变压器、主变换装置的外观检查；对密接式车钩、转向架及轮对进行外观检查，进行轮缘厚度和踏面磨耗的检查，必要时可在不落轮的情况下镟轮。此外还要对弹簧装置、传动齿轮和齿轮箱、制动装置、电机悬挂装置、轴箱轴承和轴箱定位装置、油压减振器等进行检查。

（2）中层工作面：除与一级检修的内容相同外，还要对整列车的外部进行清洗。

（3）上层工作面：受电弓不解体检修，包括清扫，检查底架、框架、杆件、铰链座及扇形板等零部件，检查连接螺栓是否坚固。轴、销、套是否有过量磨耗，所有转动关节是否转动灵活，油润状态如何，检查滑板及支架摆动是否灵活，检查传动缸，活塞及传动杆，检查弹簧装置是否出现裂纹、变形和腐蚀等；然后按规定进行试验，升降弓不应有冲撞，最大起升高度、升降弓时间、压力及压力差均应符合规定要求。

三级检修

三级检修为重要部件检修，在动车检修基地完成。

（1）下层工作面：除进行一级检修的外观检查和二级检修中主要部件的检查外，重点对转向架主要部件进行解体检查。

（2）中层工作面和上层工作面的检修内容基本和二级修一致。

四级检修

四级检修为系统分解检修，在动车检修基地完成。

（1）下层工作面：转向架解体检查，检查焊缝有无裂纹；综合性尺寸测量：对牵引电机、辅助电机、主变换装置、密接式车钩、传动齿轮和齿轮箱、油压减振器等进行解体检查，对牵引电机还要进行清扫，更换部分零件；对轮对进行全轴超声波探伤检查，轮缘、踏面检修，检查轴颈有无拉伤；对弹簧装置刚度检查；制动装置检查；轴箱、轴承和轴箱定位装置检修。

（2）中层工作面：在进行车体内部清扫的同时，对车体内部可观察到的部件进行外观检查及更换，整列车的外部进行清洗。

（3）上层工作面：对受电弓进行解体检修。

五级检修

五级检修是对整车全面检修，一般在大修厂完成。

（1）下层工作面：更换整个转向架及轮对、齿轮传动系统、制动部件、蓄电池；更换牵引电动机、主开关和电路设备，以及主变压器等。

（2）中层工作面：车辆照明系统、门和通道的修理，并进行车厢内部检查，同时对车体外部进行检查，对损坏的表面除锈、抛光、油漆；车厢内部进行类似日常检修的清洁工作；完成所有工作面的检修工作后，进行车体外部的大清洗。

（3）上层工作面：对受电弓进行彻底解体检修。

动车组检修内容和周期的设定，结合了我国现有的科学技术水平和高速铁路建设的情况，在既有动车组维修体系中，依然不断探索新的维修思路，尝试新的维修方法，以期做到既不对动车组过剩修，又不失修，在全生命周期范围内寻找最佳的维修策略。

（2）检修方式

动车组检修作业方式的核心是在确保安全性和舒适性的前提下最大限度压缩检修时间，提高动车组的使用效率和检修单位的作业效率。其基础是可靠的部件寿命管理系统，其保障是先进的检修设备和设施，其支撑是部件制造工厂的配套检修服务。动车组检修作业方式在检修基地主要表现为检查、拆装、检测、试验等，除转向架以外，其它大部分检修采用换件的方式，委托该部件的制造工厂承担。目前，我国动车组的检修方式表现为如下四种形态。

（1）换件修

无论在低级修程中发现部件故障，还是在高级修程中需要检修或更换部件，都采用换件修的方式，拆下的部件均送制造工厂或其设立的专门机构进行检查、修理、检测、试验，维修后经过检验才能继续装车使用。

（2）集中修

动车组的检修都集中安排在"检修基地"，"运用所"仅承担日常的例行检查和部分临修作业；部件检修集中在相应的制造工厂或其设立的专门机构进行。

（3）状态修

服务性设施一般采取状态修，即随检随修，始终保持技术状态良好；同时部分设备或部件按照使用寿命的界定，在不能适应使用要求，即将发生故障前进行更换，采用监视型的状态修。

（4）均衡修

为减少大修修车时间，通过换件的方式将部分部件在运用过程中或其它较低级修程中安排检修，减少大修时的工作量，尽可能压缩动车组在修时间。

（3）检修技术运用

动车维修是一个系统工程，不仅体量庞大，而且各系统设备之间密切关联，涉及众多个专业方向。铁路部门积极吸纳、探索、运用先进的维护管理理念和其他领域先进的科学技术，以期实现信息化智能化的维修。

优化检修流程

动车组检修工作流程一体化指动车组检修车辆、机务、电务、客运保洁和售后服务等流程的一体化，是动车组操作从入库到出库的全过程，需要多个专业和多个工种之间统一协调。为此，铁路部门在关键位置上设置相应的质量控制点优化动车组检修作业流程，通过质量控制点的规范来提升动车组的出库质量。在优化动车组检修作业流程的过程中采用"节拍"时间管理操作，对动车组各个作业工作时分进行仔细核定，保证动车组故障诊断、清洁、检查等各个工序操作都有充足的时间进行。

形成管理系统

利用动车组检修设备管理信息系统，借助二维码、无线射频识别、近场通信等技术对动车组设备进行唯一标识，并采用手持终端对设备进行有效识别操作，实现信息自动化采集和人机交互处理，提升检修工作的真实有效性。此外，动车组检修设备管理信息系统集全路不同动车所的维修理念于一体，建立全路数据共享的故障诊断知识库，为维修和管理人员提供资源丰富的学习指导平台。

采用先进技术

故障诊断技术是随着设备的管理和维修而逐渐发展起来的。故障诊断技术历经几十年的发展，已广泛应用于航天、工业、铁路等诸多领域。铁路部门运用人工神经网络、机器学习、模式识别等先进的技术理念诊断故障，快速准确实现故障件的定位和分离，逐步向智能维修发展。

探索模式创新

目前的动车组检修模式已经运用多年，消除了大量的动车组运行故障，但随着高铁规模的不断扩大和动车组数量的不断攀升，检修水平也要紧跟科学技术的发展潮流不断提升，特别是当下大数据和人工智能技术的迅速发展。为此，铁路部门不断优化和升级检修体系，积极探索和实践，逐步实现动车组检修模式向科学化、精准化、高效化方向发展，建立和依托动车组先进的运维平台，实现动车组运用和检修的不断突破和发展。

2.4.维修大咖

检修基地在能力和规模上立足京沪、京广等铁路干线，辐射周边地区，由铁路总公司统一管理，面向全路，服务全路。动车运用所集中在主要的铁路枢纽。全国形成检修基地和动车运用所相互补充，相互完善的动车维修大格局。其中代表性的有世界上规模最大的武汉动车检修基地和上海虹桥动车运用所。

（1）武汉动车检修基地

武汉动车检修基地位于武汉站与武昌东编组站之间，距新建武汉站 2.5 公里，是世界上规模最大，技术水平最高，承担工作量最多的动车检修基地。占地 2100 亩，房建面积 18 万平方米，有两个停车场和多座检修库，停车场能停放 128 列标准动车组，检修库具备 400 组动车组的检修能力，规模在世界范围内都是屈指可数。

作为全国 7 大动车检修基地之一，武汉动车检修基地重点承担中南地区动车组检修任务，业务量覆盖京广高铁、沪汉蓉、江浙、赣福等客运专线，涉及武汉、长沙、郑州、宜昌、贵阳、重庆、襄阳等地动车组的维护、检修任务，约占全国动车组检修任务总量的40%。武汉基地下辖武汉动车运用所、汉口动车运用所，借鉴日本的流水检修方式，列车由特制设备整体抬高后分步移动，工人都固定在各自工位上，专人拆引擎，专人负责检查电子部件等，大大提高了检修效率。

夜晚的武汉动车检修基地，从空中俯瞰，数十组动车组整齐排列，一列挨着一列，气势恢宏，十分壮观，如同蓄势待发的"陆地舰队"。

（2）上海虹桥动车运用所

上海虹桥动车运用所成立于2010年10月，位于上海市嘉定区，占地1000余亩，是全国规模最大、配属动车组最多的动车所之一。主要承担配属动车组的一、二级检修和京沪、沪昆两大高铁干线的运输任务。辅以担当部分沪宁、沪杭高铁动车组的运用维修工作，有75条存车线，两个4线检修库和一个6线检修库，14条线可同时开工检修，每天可检修约50组列车。春运高峰时段，日均检修超过80组列车。每晚参加检修的机械师150人左右，加上其他工作人员一共500人左右。

3.线路设备运维

3.1.修程修制

我国高速铁路基础设施实行天窗修(无列车运行期间)制度,优先采用综合维修模式,并坚持"严检慎修"的原则,实现设备状态修与预防性计划修相结合的维修方式,并实行线路大修和线路维修两种修程。

线路设备的状态修就是根据线路设备运营的健康状态为基础,通过必要的检测手段来掌握线路设备的工作状态,并将检测到的设备状态与相关标准进行一致性比较,设备状态不良即表示当前的设备状态不符合标准要求。这种情况下,如果处于亚健康状态的设备继续服役,将增加设备故障甚至事故的风险。这个时候就需要采取措施,对当前线路和设备进行必要且合适的维修或者更换作业,使设备始终处于可控状态。

预防性计划修，即是一种以预防为主的维修策略，是一种系统性、预先安排的检查、测验及监控流程，目的在于防止早期故障、增加可靠性、延长设备使用寿命。预防性计划修的两种模式是定时修理更换和定期检查，并根据检查结果来安排相关的检修计划。预防性计划修以时间管理为基础，系统性强、计划性好，可以大大提高设备性能。不过，预防性计划修的计划编制在一定程度上依赖设备维护和管理人员的历史经验，也依赖于设备的平均无故障时间，因此存在一定的不可控性。当前对数据记录工作的完善，会改善依赖经验的现状，利用大数据指导预防性计划修是未来的发展方向。

3.2.机构设置

我国普速铁路工务管理机构的设置，实行从上而下的垂直管理，依次为中国铁路总公司、工务（桥工）段、车间、工区。高速铁路虽然发展迅速，但总量占比仍然小于既有普速铁路。既有普速铁路网络规模大，而大部分新建高铁建设与既有线平行或接近，于是为了充分利用既有资源，减少管理成本，目前大部分路局未设专门的高铁段，而是由原有的工务（桥工）段按区域进行线路维修管理。近年来，随着高铁运营里程的累加，已形成初具规模的高速网路，也顺势成立了部分高铁工务段，专门负责辖区内高速铁路线路的维修管理。

3.3.组织管理

目前工务铁路线路维修工作普遍采用在"管、检、修"合一的前提下的"检、养、修"部分分开的模式。根据中国铁路总公司关于铁路线路维修管理工作的要求，为了让检修工作更加高效并形成监管机制，在全路范围内全面推行检、修分开的维修管理模式，目前各铁路局集团公司正在全面推进。

在中国铁路总公司的大框架下，实行关键重点正线、干线的检修分开。在这大的框架下，从总公司到现场作业班次，具体职责分工如下：总公司基础设施检测中心全面负责组织全路线路设备的动态检测工作；铁路局（集团公司）负责铁路线路的日常静态检测、人工动态检测控制和养护维修工作，其中工务（桥工）段负责线、桥、隧、涵的养护维修，按照"检、修"分开的原则设立和配置相应的线路车间、桥梁（隧）车间、检查监控车间、机械化维修车间（重点维修车间）、探伤车间等。各车间同时设立相应的工区；集中、大规模的维修工作由工务大修段和大型养路机械检修运用段承担，根据签订的协议进行维修工作。

3.4.职责划分

铁路工务系统由总公司运输局工务部、铁路局工务处和工务（桥工）段构成，负责管理和养护维修全国范围内的铁路线路、桥梁、隧道、路基、涵洞等设备。

工务部是战略部门，负责制定工务发展战略，颁布工务的管理规程，制定和修订工务管理制度，对全路工务设备进行宏观管理、控制和指导。

工务处是战术部门，负责制订局内工务设备维修目标、方针，对工务段进行技术指导。

工务段是基层单位和执行单位，在铁路局的管理下，直接管理和组织工务设备的维修，是工务工作的执行层，组织实施具体的工务设备修理工作，通过对工务设备的维修管理，确保工务设备质量满足行车安全的要求。

4.动车医生

4.1.零旅客"扫雷车"

在夜间铁路"天窗时间",高铁线路、接触网、信号等各类设备都要进行检修,动车组列车也要回到动车所开展检修和维护。高铁线路的检修、维护是从每天的零点开始,一直到凌晨4点左右。晚上检修后,为了进一步排查影响列车安全、平稳、舒适的因素,每天第一班载客高铁开行前,铁路部门都要放出一班确认车,检测涉及高铁运行的所有设备是否正常,该列动车组不载客,被称为确认列车,即"扫雷车"。确认列车会在凌晨四五点钟,按照运行图的要求以最高允许速度在高铁线路上走一趟,确认安全后,后续各班次列车才能开行。铁路部门规定,没有经过确认列车核实,载客高铁列车一律不得上线运行。

"确认列车"和平常运营的高铁列车没有多大的区别,确认列车完成任务后，回程即可变身为载客车。但在12306网站上根本查不到这列早班车，因为这列车上没有旅客，全部"旅程"只有起点站和终点站，一年365天，每天凌晨四五点它都会准时发出，雷打不动。大部分人们还沉浸在梦乡时，"扫雷车"已经悄悄上路了，它远离喧嚣，虽然寂寞，却担当了全路安全的使命。

确认列车在开行前，会再一次进行检查。大到列车的头罩、排障器，小到各个撒砂管、裙板、转向器等，甚至包括每个卫生间的功能都需要逐一检查。只有自身工况良好，正常运转，才能进入下一个环节的检查，包括检查工务的线路状况、电务的信息传输情况、供电设备的使用状态、车辆的动态性能、铁路的周边环境等等。

作为动车运行的"先遣员"和"排雷兵"，它的工作任务就是排除一切安全隐患，让旅客安全顺利出行。所以，确认列车的责任很重，它是安全第一道闸门的守护者，这就要求操作确认车的铁路工人对工作必须尽心尽责、精益求精，任何马虎和大意都可能酿成巨大的事故灾难和损失。另一方面，如果有危及到列车安全的隐患，都是确认列车亲身去走过、发现、反馈、排除，所以确认车就是战场上的冲锋队，这种甘愿牺牲精神值得每一名旅客向确认车致敬，如果没有它们提供的安全可靠数据，试想一下，当我们乘坐的列车以每小时超过200公里的速度越过危险路段时是怎样的后果。

当我们休闲地乘车观望车窗外风景时，确认列车却忙碌着接受数据，为的是让我们能够更安心的去欣赏车窗外的美景；当我们在列车上憨憨入睡时，确认列车丝毫不敢懈怠，将一切能够打断我们睡意的险情都一一排除。2019年春节假期7天，全国铁路发送旅客6030万人次，其中，高铁动车组累积发送旅客3648万人次，万家团圆的日子里，确认车依然执着坚守，每天凌晨冒着严寒呼啸而过，为千千万万回家团圆的人们保驾护航！

确认列车不载客，铁路部门创新性的让其承担"高铁快运"的任务，为电商和快递企业提供高铁物流服务，形成产品组合，多层次满足客户运输需求。装运商务文件、生物制剂、医药冷链、生鲜果品等批量小、价值高、时效强的贵重零散物品，以及较大批量的高铁快运运输，开车前1小时均可办理，可实现当日达、次晨达和次日达。2018年"双11"期间，仅广州局铁路集团公司利用每日不载客的确认动车组列车装运货物就高达10吨以上，极大提升了高铁物流品牌的影响力。

4.2.高铁体检黄医生

除了每天凌晨雷打不动的确认列车外，人们在线路上还会看到黄颜色的动车组，它的学名叫做"高速综合检测列车"，或者称为"动检车"。每隔十天半月就要开行一次，运用高科技的装备与手段，对列车运行品质及基础设施状态进行检测与评价，即对线路等基础设施进行全面"体检"，查找安全隐患与病害，人们称之为"列车医生"。

因这种动检车车身为黄色，又是负责检查高铁运行情况的，所以铁路迷也称它为"黄医生"。它除了颜色独特，外观与常见的高速动车没什么区别：子弹型车头、流线型外观。走进列车内部，却不见一排排座椅，而是许多大型仪器，有的车厢两侧设有沙发，还有的车厢就是一个会议室。

可以说，"黄医生"既携带了各类"高精尖"检测设备，又能完全模仿常规动车组运行工况，它可以检测 380 公里以下的线路、信号和牵引供电设备状态，并及时发现各类缺陷，提示工作人员进行处理，保障后续开通动车组运行安全。

至于为什么高等级的检测车是黄色，可能是考虑到要有明确的警示作用，也要考虑在北方冰雪环境中的醒目性。

2007 年 4 月 18 日实施中国铁路第六次大提速，4 月 20 日，为保障既有提速干线的持续安全运营，原铁道部决定开行综合检测列车，对全路开行动车组的京沪、京广等提速线路和其它开通的快速铁路进行周期性综合检测。最早的是 0 号高速综合检测列车，它集成了世界最先进的专用检测系统，具有对线路轨道、牵引供电、通信信号等基础设施，轮轨和弓网接触状态及列车舒适性指标等进行高速动态时空同步检测，并具有实时数据传输、存储和分析处理功能。实现了现代测量、时空定位同步、大容量数据交换、实时图像识别和数据综合处理等先进技术，是提高高速铁路基础设施检测效率、指导养护维修、确保高速铁路运营安全的重要技术装备。

CRH2A-2010（原编号：CRH2-010A）是中国第一列高速综合检测列车，是在 CRH2A 型电力动车组的基础上加装检测设备改造而成。列车由南车青岛四方机车车辆股份有限公司制造，于 2006 年 7 月 31 日下线交付使用，最早用于普速铁路的检测，后来逐步延伸至高铁检测。截止 2018 年底，我国专职高速综合检测列车有 12 组。

CIT500 是更高速度试验列车，为 6 节全动车编组（6M），力争打破此前法国试验列车 V150 创造的时速 574.8 公里的纪录，冲击 600 公里时速。2011 年 12 月 25 日在中国南车四方股份公司落成。2012 年 4 月 18 日，在位于青岛郊区的中国南车青岛四方股份公司高速列车系统集成国家工程实验室，一项创造当今铁路列车最高时速的试验正在进行，更高速度试验列车，在综合滚动试验台上，创造出每小时 605 公里的实验室速度。

2018 年底，我国高铁已达到 2.9 万公里，动检车固定周期在全国所有高铁线路上运行一趟，密切监视高铁相关系统和设备的良好运用状态。

5.安全保障

　　我国铁路运营安全保障体系以技术为支撑、以管理为手段，涵盖企业主体责任、政府监管、社会监督各方面，贯穿了从项目启动、科研、设计、设备制造、工程施工、静动态试验、联调联试、运行试验直至运营管理的各阶段，内容涵盖了安全保障方法、技术与相关标准规范等各个方面。

5.1.制度先行

（1）铁路安全相关法律法规

　　法律就是秩序，有好的法律才有好的秩序。我国现行的铁路法律法规体系的基本框架是：以宪法为基础、铁路运输法律为龙头、铁路运输行政法规为骨干、铁路运输行政规章为补充的纵横结合的系统。

其中主要的法律法规文件如下：

（1）《中华人民共和国铁路法》

（2）《铁路安全管理条例》

（3）《特别重大事故调查程序暂行规定》

（4）《铁路交通事故应急救援和调查处理条例》

（5）《关于特大安全事故行政责任追究的规定》

（6）《铁路危险货物运输管理规则》

高铁吸烟处罚就是依据《铁路安全管理条例》，其中规定在动车组列车上吸烟或者在其他列车的禁烟区域吸烟，将由公安机关根据情节处罚，最高可处以 2000 元以下的罚款。新增的《铁路旅客信用记录管理办法》，也将霸座行为视为扰乱铁路运输秩序的不文明行为，可以依据法规禁止其在一定期限内乘坐高铁。

（2）铁路安全相关规章制度

依据我国铁路安全相关的法律法规文件，结合我国铁路运输特点，铁路总公司颁布了一系列规章制度以规范我国铁路的安全高效运营。

其中主要的规章制度文件如下：

（1）《铁路技术管理规程》

（2）《铁路交通事故应急救援规则》（2007 年铁道部令第32 号）

（3）《铁路交通事故调查处理规则》（2007 年铁道部令第 30 号）

（4）《铁路安全监督管理办公室职责规定》

（5）《电气化铁路有关人员电气安全规则》

（6）《铁路车站行车作业人身安全标准》

（7）《铁路专用设备缺陷产品召回管理办法》

（8）《铁路建设工程质量监督管理规定》

（9）《铁路旅客运输安全检查管理办法》

（10）《铁路旅客车票实名制管理办法》

同时，各铁路局结合所辖范围的安全运行条件及安全运营需求颁布了对应的行车组织细则等规章制度。为了进一步规范铁路行业相关从业人员的业务本领和职业素养，原铁道部对包括值班员、车号员（长）等都颁布了相应的职业技能培训规范。

（3）高速铁路安全相关标准规范

铁路技术标准工作借鉴国际、国外铁路先进技术标准，加强标准体系研究，积极开展相关专业技术标准制修订，在既有铁路、重载铁路、高原铁路、高速铁路技术体系构建、标准制修订等方面取得长足进步。经历半个多世纪的发展，铁路行业标准形成了以各大专业门类为主体的技术标准体系，基本满足铁路运输要求的、较为完整、系统、配套的铁路技术标准体系。

高速铁路技术标准体系是以高速铁路技术体系为依据、我

表7　高铁运营安全保障体系整体架构

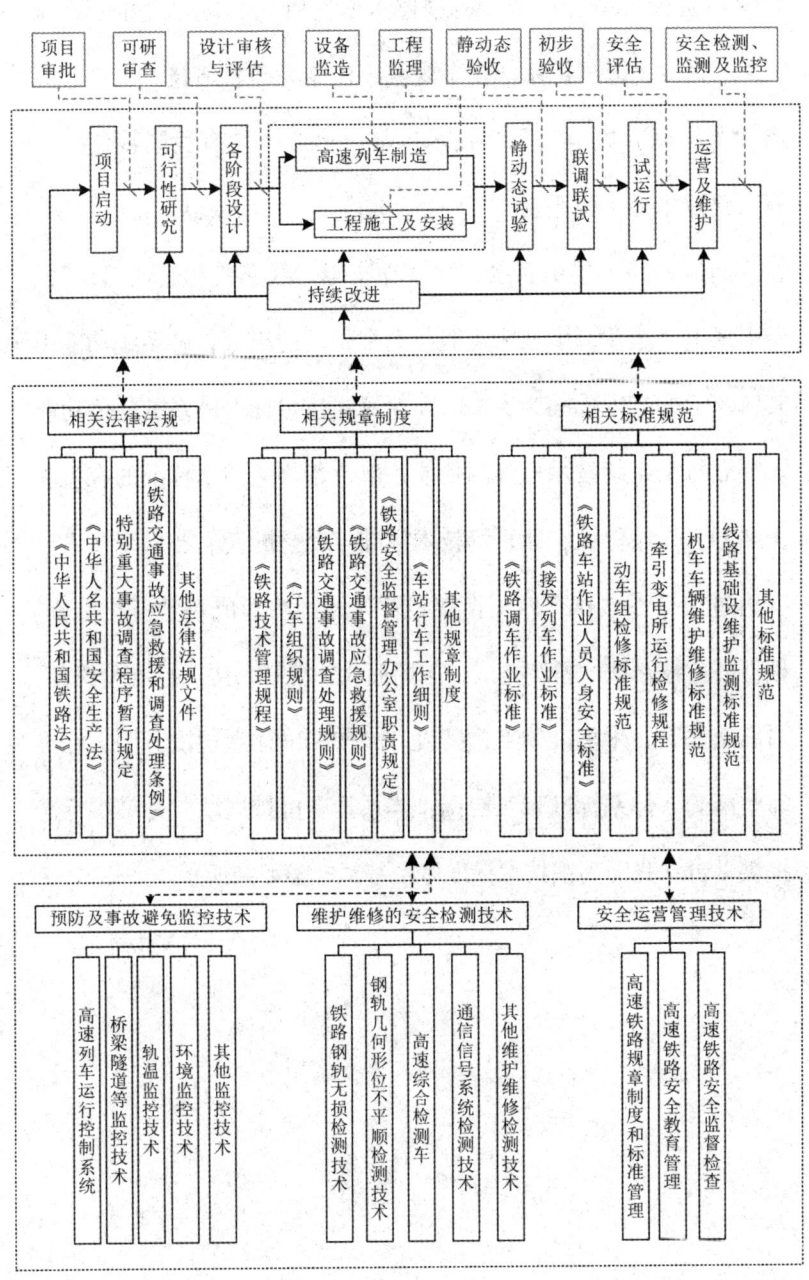

国现有铁道行业技术标准体系为基础，及时对高速铁路建设和运营经验进行系统总结，通过技术创新研究制定。近年来，制定了 CTCS-3 级列控系统技术规范、铁路无砟轨道技术条件、高速动车组试验规范等重要技术标准，形成了具有我国特色的高速铁路技术标准体系。

高速铁路主要由系统集成、动车组、线路工程、通信信号、牵引供电、运营调度和客运服务七个子系统组成，各系统功能由其所包含的技术标准为支撑。高速铁路技术标准体系的整体功能需要靠每个系统技术标准的功能，以及各相关技术标准的有机联系和相互作用保证，即系统技术标准应完整配套、各系统技术标准通过接口参数相互匹配衔接、补充和制约形成科学有机整体。根据高速铁路技术系统构成，按照简化、统一、协调标准化原理，对高速铁路技术标准体系进行设计，使标准体系层次分明，标准完整配套，体系标准相互协调，体系具有可扩展性并为维护标准提供平台。我国高铁技术标准体系基本框架如图所示。

表8 高速铁路技术标准体系基本框架

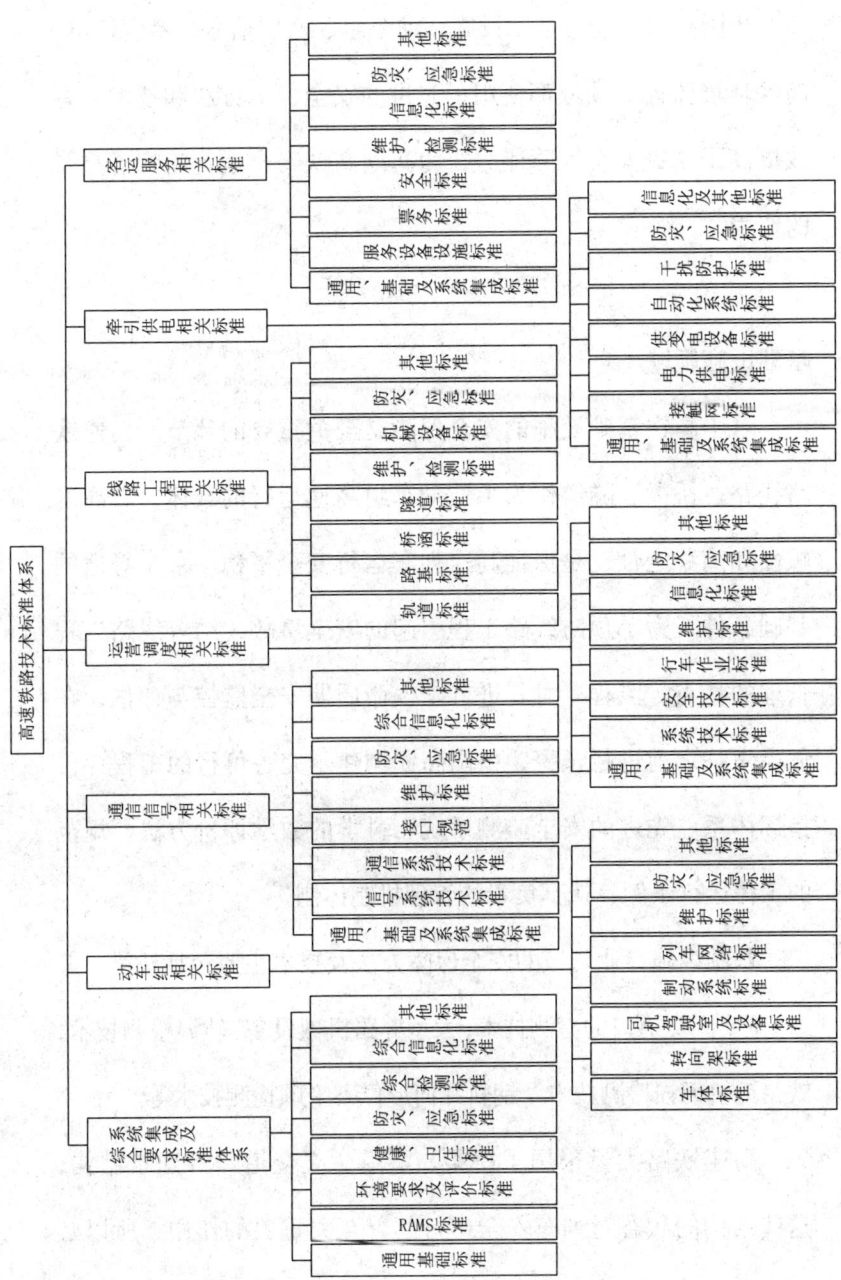

5.2.技术铺路

我国高铁当前在基础设施、动车组、通信信号、牵引供电、高铁环境监控等领域都使用了先进的安全保障方法和技术，有效提高了高铁安全保障能力，为我国高铁安全运营起到了重要的作用。

基础设施领域

对于高铁基础设施的安全保障是至关重要的环节。高速铁路线路、桥梁、隧道作为承载动车组高速运行的载体，其高平顺性和高稳定性，是保证高速列车运行安全平稳、乘车舒适的基础条件。为了预防线路工程引起的安全事故，结合线路工程管理的特点、流程，对其进行全生命周期安全监控与评估，在危险来临之前进行预警，中国高铁构建了完备可行的工程评价指标体系、先进的安全监测系统、科学的数学评价方法、规范的工程运行条例、认真负责的管理机制体制。

基础设施专业领域的安全保障方法及技术主要包括桥梁、隧道、重要立交道口的检测技术，大型养路机械设备，轨温检测技术，铁路钢轨无损检测技术，钢轨几何形位不平顺检测技术等。

高速铁路大量采用了桥梁、隧道、立交道口等建筑结构，这些结构的状态对列车安全运行起着至关重要的作用，所以必须对这些结构及设备、设施进行监测，采用传器件和信号处理技术，对桥梁。隧道和线路的一系列参数进行测量和分析，以提供报警信号，使之通过信息通道及时传到综合调度中心，防止突发事件引起重大的行车事故。

大型养路机械设备是轨道综合维修的的主要作业手段，按周期、有计划地对线路进行综合修理，以恢复良好的线路技术状态。

轨温监测系统由设置在现场的钢轨温度传感器、大气温度湿度传感器，设置在养路工区（工务段）的信息处理器、显示器、道床状态信息输入设备（报警器，记录器等）组成。同时在线路选定地点附近设置气象采集点，以便于对比决策。

铁路钢轨无损检测技术主要采用手推式和全自动式轨道检测车相结合的方式对钢轨进行检测，采用的无损检测手段是超声波检测法、磁粉检测法和涡流检测法。

钢轨几何形位不平顺检测技术包括静态和动态检测，检测设备主要是轨道检测车。我国轨检车的车载计算机系统对检查的数据进行处理，提交给用户轨道 III、IV 级超限报告表、曲线摘要报告表、区段总结报告表、轨道质量指数报告表和轨道不平顺波形图。

轨道周界入侵智能报警技术依据铁流视频监控系统的相关标准、规范，对高速铁路周界入侵进行智能报警。

基础设施大数据技术主要侧重于站场大数据和线路大数据，其中站场大数据主要应用于货检站安全监控与管理系统、铁路货运站安全监控与管理系统、车站安全反恐智能监控系统；线路大数据主要应用于工务防灾管理系统和焊轨基地生产监控与管理系统。

动车组领域

高速动车组可以说是众多高新技术的系统化集成，涉及材料、机械、计算机、通信、仿真、精加工、控制等诸多领域。而这些技术的体系化集成也给高速动车组的安全保障提出了更高的要求。以京津城际为例，为了保障高速动车组的安全运行，中国铁路北京局集团有限公司构建了集优化管理组织、动车组检修一体化管理、标准化动车所建设、实行动车组检修计划管理、建立故障分析定则制度、构建安全评估制度等于一体的安全管理保障体系；构建了面向规章制度和动车技术作业标准的技术规章体系；构建了包含检修质量保证机制、运行安全保证机制、作业监控评价机制、自主检修落实机制、应急处置机制等内容的动车组检修运用质量保障体系；构建了包含强化人才队伍建设、强化日常培训、强化专项培训、强化实作培训等内容的队伍素质保障体系；同时构建了物资供应保障体系、服务品质保障体系、信息管理保障体系、考核激励保障体系以及售后服务保障体系等，多层面、全方位、重点突出的动车组安全保障体系。

从技术层面讲，动车组专业领域的安全保障方法及技术主要包括动车组运行故障动态图像检测系统、无损检测技术、机车走行部车载监测装置、机车走行部故障在线诊断技术等。

动车组运行故障动态图像检测系统利用动态图像采集设备对通过的动车组进行图像信息采集、传输、显示、存储、监控、故障信息预报，监控正线动车组运行状态，提前诊断入库动车组故障。系统按设置位置分为车站型和动车所型两种。车站型设备主要用于对运用中的动车组进行故障动态图像检测，提前监测、诊断和发现动车组故障，对重大安全隐患的动车组及时拦停处理，保证动车组运行安全；动车所型设备通过对入库动车组进行检测、诊断，为检修作业提供依据，提高动车组检修作业准确性，确保检修作业质量。

无损检测技术是一门新兴的综合性应用技术。它以不损害检验对象的使用性能为前提，应用多种物理原理和化学现象，对各种工程材料、零部件和结构件进行有效地检验和测试，借以评价其完整性、连续性、安全可靠性及某些物理性能。周期性地对高速铁路机车车辆各零部件进行无损检测，对于保证列车安全运行起着十分重要的作用。

动车组走行部车载监测装置是专门为铁路机车和动车组研制的总线式温度、振动、冲击实时监测报警系统。该系统基于频谱分析技术，主要用于铁路机车走行部的轴承、齿轮、轮对踏面故障状态的动态监控，包括轴承、轮对踏面和齿轮的滚动（或啮合）工作面上存在的故障程度达到原铁道部颁布的 C 类标准以上的麻点、碾皮、擦伤、烧附、腐蚀、凹痕、裂损、碰伤等故障。系统同时能够检测出被检测对象的振动冲击和温度，利用故障诊断专家系统，综合考虑振动冲击和温度的变化情况；诊断上述故障在机车运行过程中是否存在以及其发展的趋势等信息，为铁路行车提供重要参考，确保铁路行车安全。

动车组走行部故障在线诊断系统可以采用包络检波（包络解调）技术可靠提取震动冲击信号，将振动传感器测得的信号，通过电包络的方法使故障冲击波得以加强和放大，然后对其进行滤波、检波和抗混处理和小波变换，得到故障特征信号，有效的抑制常规震动及干扰信号对传统信号与分析的影响。

机辆大数据技术在机辆运用管理中主要应用于乘务报单管理系统、乘务劳时记工管理系统、智能眼镜远程系统、应急指挥系统、动车组调车安全监控系统、机务信息化管理系统、智慧移动管理系统、能耗监测系统、智能照明系统、客流分析管理系统，在机辆检修管理中主要应用于量值修车管理系统、机务整备管理系统、机务整备管理系统、一车一档管理系统、工具管理系统、设备管理系统、物料管理系统。

通信信号领域

通信信号系统是高速铁路的"大脑"和"神经中枢"，是保证我国高速铁路列车运行安全、提高列车运行效率的重要核心技术设备。为提高高速铁路信号系统的可靠安全性，消除信号系统的潜在隐患，需要对信号系统进行安全认证及评估，即在明确的评估体系框架内，依据高速铁路的安全技术标准体系，对信号系统从构想、系统定义，到风险分析、设计执行，再到制造安装、调试验收，以及运营维护、退役报废全生命周期内的全方位安全评估。通过安全评估的高速铁路信号系统具备较高的安全完整度等级，可以最大限度地消除安全隐患，保障列车的安全运营。

从技术层面讲，通信信号专业领域的安全保障方法及技术主要包括高速列车超速防护技术、基于铁路信号集中监测的安全监测技术、基于列控设备动态监测系统的安全监测技术等。

高速列车超速防护技术是保障高速铁路行车安全的关键技术和核心装备。高速列车超速防护技术是高速铁路列车运行控制系统的核心。高速铁路列车运行控制系统主要由通信和信号为支撑，以技术手段对列车运行方向、列车运行间隔和行车速度进行控制，使列车能够安全运行且提高运行效率。CTCS列控系统的本质就是保证列车在超速行驶时，从技术层面进行防护。

铁路信号集中监测系统是保证行车安全、加强信号设备结合部管理、监测信号设备状态、发现信号设备隐患、分析信号设备故障原因、辅助故障处理、指导现场维修、反映设备运用质量、提高电务部门维护水平和维护效率的重要行车设备，做到统一规划，统一实施，与联锁、闭塞、列控、调度、驼峰等系统同步设计、施工、调试、验收及开通。

列控设备动态监测系统由车载信息采集装置、地面数据中心及查询终端三部分组成，其主要功能是为电务维护人员提供轨道电路、应答器等实时信息，为设备维护提供依据；为行车调度提供动车组实时运行信息，为科学指挥调度提供实时信息；为机车综合无线通信设备、工务晃车检测、机车信号远程监测系统等设备提供扩展接口，实现数据共享等。

牵引供电专业领域

牵引供电专业领域的安全保障方法及技术主要包括数据采集与监视控制系统技术、牵引供电安全在线监测诊断技术等。

数据采集与监视控制系统是以计算机为基础的电力自动化监控系统。它应用领域很广，可以应用于电力、冶金、石油、化工、燃气、铁路等领域的数据采集与监视控制以及过程控制等诸多领域。系统在铁道电气化远动系统上的应用较早，为保证电气化铁路的安全可靠供电，提高铁路运输的调度管理水平起到了很大的作用。在铁道电气化系统的发展过程中，随着计算机的发展，不同时期有不同的产品，同时我国也从国外引进了大量的产品与设备，这些都带动了铁道电气化远动系统向更高的目标发展。

牵引供电安全在线监测诊断系统是为了适应高速铁路电气化铁路及客运专线特点的设备在线监控系统，实现对主要电气设备的实时在线监测，在建立设备分析模型的基础上，通过专家诊断软件系统对历史数据进行统计分析，确定设备运行状态，指导运行维护人员工作。

安全运营管理技术

高速铁路安全运营管理技术包括规章制度和标准管理、高速铁路安全教育管理和高速铁路安全监督检查三部分。其中规章制度管理主要指铁路总公司等有关部门结合高速铁路运营方面的新情况、新变化，对技术管理规定和技术管理办法等规章制度进行充实和完善，对专业规章规程进行废除和修补；明确铁路总公司、铁路局、站段三级规章制度的管理规范、管理规则和归口部门，实行规章制度的分层分级管理等。高速铁路安全教育管理主要通过建设培训基地、开发培训教材、建设高素质队伍等途径完成。高速铁路安全监督检查就是应当按照我国现行的安全管理体质——"企业负责、行业管理、国家监察、群众监督"来建立高速铁路安全监督检查体系。

防灾安全监控技术

高速铁路防灾安全监控系统对危及高速铁路列车运行安全

的自然灾害和异物侵限进行实时监测报警、预警，控制列车限速或停车。防灾监控系统包括大风、降雨、降雪、地震以及异物入侵监控系统。高速铁路入侵智能报警技术则以优质的现场实时入侵视频，无声地连接行车调度的视觉本能，保证行车调度任何时候都能自动获得入侵报警和实时视频，立刻看清现场入侵目标及行为，没有疑虑地采取紧急措施。

环境的监控和检测技术

高速铁路运营系统处于开放的环境状态，环境中的各个因素都会影响到高速铁路运营状态的安全性。环境因素包括自然环境和社会治安环境两种。加强对环境状态的监控与检测，随时了解环境的变化，对安全预防和事故避免具有很重要的作用。对自然环境的检测信息主要有雨量、风速、风向、地震、洪水、落石、着雪量、泥石流等。放在测试地点检测设备预先设定基准值，一旦到达基准值，系统自动报警。针对社会治安环境的监控和检测技术主要包含安全防护工程技术、铁路入侵检测技术、对人员监控与检测技术。其中安全防护工程主要指安装高标准的栅栏、安装安全防护设施、提高道口防护能力、加固上跨铁路立交桥防护设施、实行站区全封闭管理等。铁路入侵检测技术主要指在铁路视频监控环境下，让计算机在不需要人参与的情况下，通过对视频序列的处理，实现对入侵行为的自动监测和分析，并对危险行为作出报警。对人员的监控和检测主要在客运站内、高速列车上进行,需要一定的监控和检测设备(主要采用红外线、超声波检测，电视监控等设备)。

综合视频监控技术

铁路视频监控系统的应用起步晚，但是发展速度非常快，目前已经安装部署了大量的监控系统，如大石桥站客运电视监控系统、株洲站视频监控系统等等。铁路综合监控系统支持分级管理和多用户同时观看，为多业务部门监视终端提供监控视频。并可对监视区域的图像进行远程控制和智能处理，具有视频分析功能并对异常情况进行报警显示。而且与货运安全监控系统互联互通，实现超限、超载灯报警联动。

高速综合检测车

综合检测列车是实施定期检查、综合检测和高速监测的重要手段。实现对轨道、接触网、通信信号等基础设施的综合检测。

综合检测车上安装了如下系统：轨道几何状态检测系统，轮轨动力学检测系统，接触网综合检测系统，轨道电路特性、列车运行控制系统状态检测系统，无线场强检测系统。

5.3.应急管理

高铁应急管理是为了应对自然灾害、设备故障、交通事故等涉及影响高铁运营的突发事件所进行的一系列有计划、有组织的管理活动，有着丰富的内涵。同时，应急管理作为保障高速铁路运输系统正常运作的重要一环，在保证高铁安全、高效运营方面，发挥着极其重要的作用。

为了积极应对可能发生的自然灾害等非正常事件，各国政府及相关部门都对突发事件进行了大量研究工作，以提高国家或者部门的紧急救援和应急处置能力。自然灾害频发的日本在应对突发事件方面有丰富的经验，日本铁路管理部门和运营部门协同消防、急救、公安等外部机构共同编制了内容完善的日本铁路系统应急预案。同样有着丰富高铁运营经验的法国，在法国国家铁路公司的领导下，与其国家基础设施管理部门等协作完成了面向法国铁路的应急预案。以 IEC 系列高速动车组闻名于世的德国，其面向铁路的应急预案由运营公司德铁负责制定并修改完善，但正式的发布生效还需要与德国政府等有关部门合作。伴随我国铁路的快速发展，相关的应急管理技术、制度等也逐步完善。国家铁路局为适应高速铁路应急处置、救援的特点，满足高速铁路应急处置、救援需要，进一步增强应对高速铁路突发事件的能力，正式印发《高速铁路突发事件应急预案（试行）》，并自 2012 年 3 月 1 日起实施。这一文件的落地，是我国面向高速铁路应急处置的里程碑。

高铁应急管理的目的就是为了适应高速铁路应急救援的特点，满足高速铁路应急救援需要，进一步增强应对高速铁路突发事件的能力，实施规范、科学、准确、迅速的应急处置，有效防范自然灾害、铁路交通事故等突发事件对高速铁路行车安全、运输秩序的影响，最大限度地减少突发事件造成的人员伤亡、财产损失，从而形成统一指挥、科学合理、功能齐全、结构完整的保障体系。

我国高铁应急管理遵从以人为本、安全第一、预防为主，统一领导、集中指挥、归口负责、分级管理，分工协作、快速反应、紧急处置的原则，不断提高对高速铁路突发事件的应急处置能力，保证高速铁路运行安全有序。以人为本，就是要把旅客的利益放在第一位，尽一切努力保护旅客的生命财产安全，这不仅体现了全心全意为人民服务的宗旨，也体现了铁路部门"人民铁路为人民"的理念。安全第一，就是要提高防范意识，树立"安全第一"的思想，稳固安全"红线"的意识。预防为主，就是要加强基础工作，对可能引发危险事件的风险要及时分析和预警，将预防与应急处置相结合，切实做到准备在先、防患未然。统一领导、集中指挥、归口负责、分级管理，就是要建立健全安全管理机制，实行国务院统一领导下的中国铁路总公司、路局、站段三级管理机制，同时包含地方政府在内的各个关联部门各司其职，明确职责分工、权利权限,共同做好面向高铁的应急处置工作。分工协作、快速反应、紧急处置,就是要对涉及高铁突发事件的交通、卫生、消防、通讯、公安等各个机构、部门有机协调、统筹部署、协同配合,共同以突发事件的影响最小、快速恢复正常运转为目标,做好相关应急处置工作。

我国高铁应急管理面向突发事件的全过程,即事前预防、事发准备、事中处置和善后处理四个阶段。事前预防,就是在突发事件发生前,为了消除可能发生的突发事件,或者降低可能发生的突发事件的不良影响,所做的一切预防性工作。事前准备,则是通过对特定或潜在的安全风险所做的各种准备性工作。事中处置,则是在自然灾害、设备故障、交通事故等各种突发事件发生、发展过程中,所进行的各种应急处理和救援工作。善后处理,则可以定义为在突发事件得到有效的控制后,为了恢复正常状态、维护正常运转秩序所进行的各种善后工作,以及事故原因调查、事故损失评估、应急资源回收等。值得注意的是,我国铁路依据伤亡人数、经济损失、中断行车时长等因素,制定了特别重大、重大、较大、一般四个级别的应急响应标准,即Ⅰ、Ⅱ、Ⅲ、Ⅳ级应急响应,不同级别应急事件对应的应急领导小组及处置流程有所不同。

必要的应急管理培训和演练是落实我国高铁应急管理制度的关键一步。我国高铁应急管理培训按照分级管理的原则,铁路总公司、铁路局、站段负责组织应急管理、应急救援人员进行岗前培训、专业培训，提高处置高速铁路突发事件的技能。根据需要，还可以安排开展国内外的工作交流，充分学习和借鉴国内外的先进成熟经验。而针对不同自然灾害、设备故障、交通事故等突发事件处置的演练，各铁路局、站段结合实际，定期开展演练，以提高处置高速铁路突发事件的实战能力。

5.4 相辅相成

我国高速铁路安全保障方法技术与法律法规、规章制度以及标准规范的关系如图所示，可以说中国高速铁路安全保障法律法规、标准规范、技术方法，三者之间相辅相成、和谐统一，共同铸就了保障高铁安全的铜墙铁壁。

表9 安全保障方法技术与法律法规标准规范之间的关系

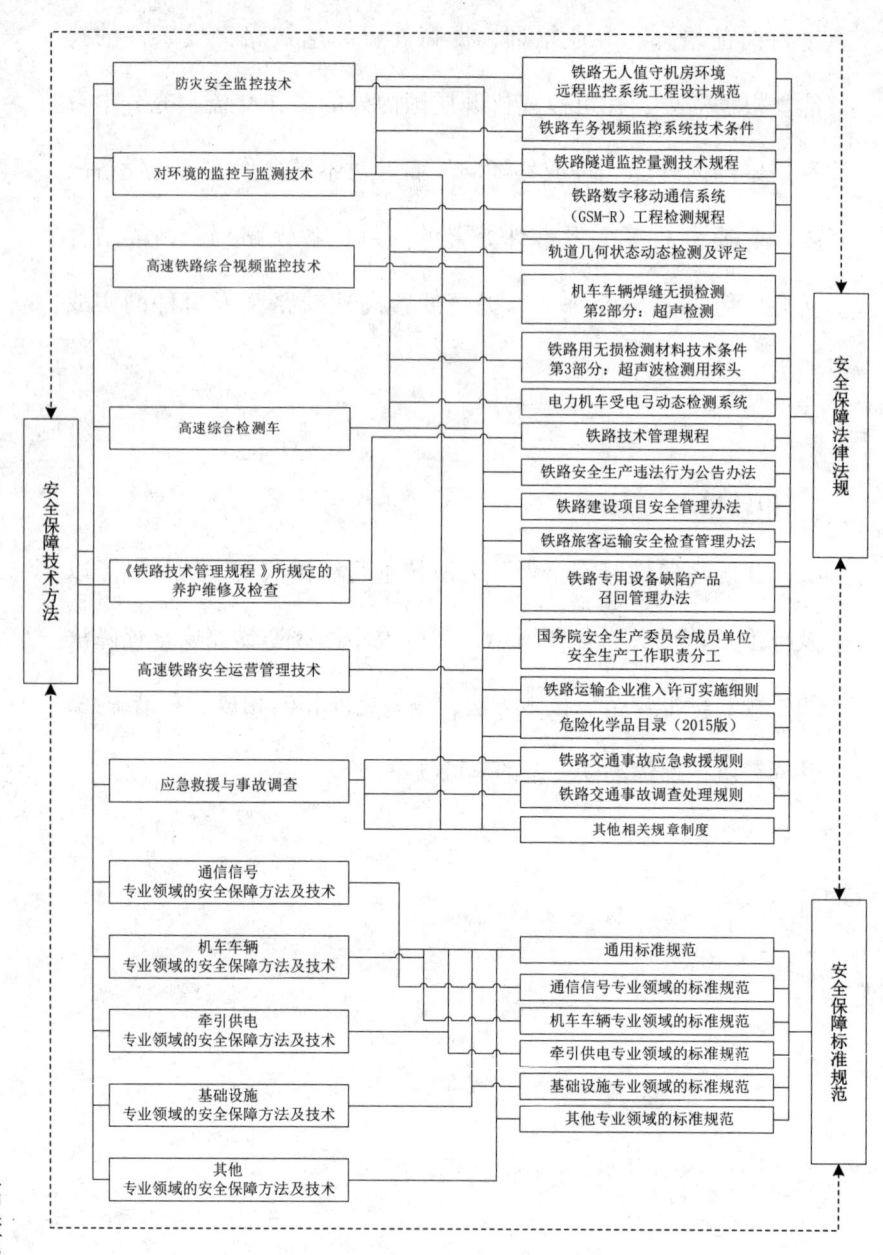

第三部分

文化篇

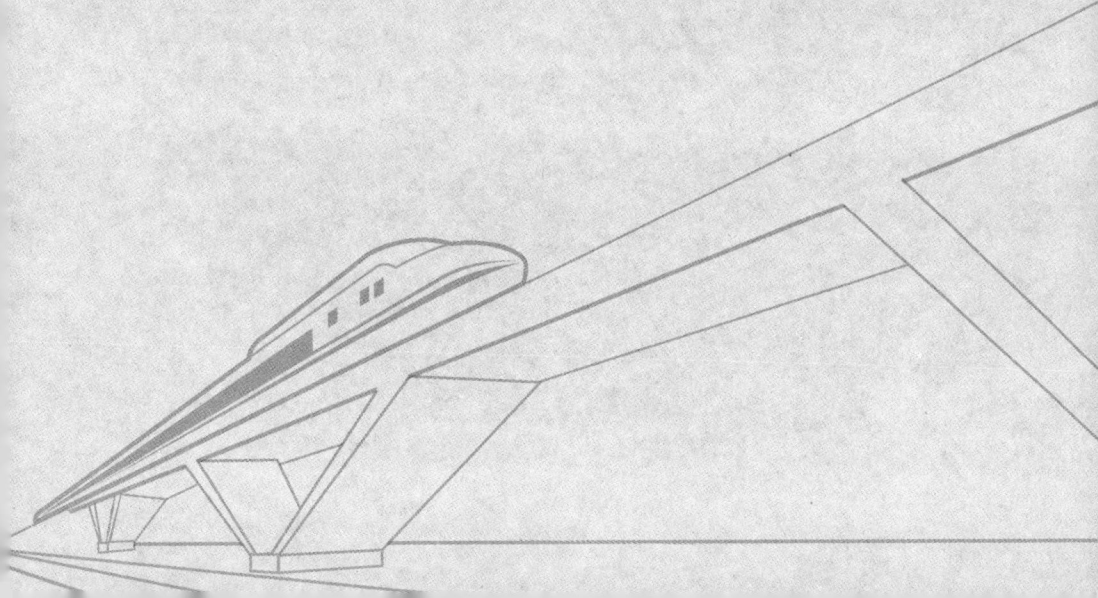

第一章　铁路服务

1.网络购票

方寸车票

　　小时候，乡愁是一枚小小的邮票，我在这头，母亲在那头；长大后，乡愁是一张窄窄的船票，我在这头，新娘在那头……说起余光中的《乡愁》，大家一定不陌生，作者借邮票、船票等把抽象的乡愁具体化。如今，寄托乡愁、寄托思念的不再是一张窄窄的船票，更多的时候是一张张窄窄的火车票……

　　方寸车票里，是一代人的集体记忆，一段历史的革变。上世纪 90 年代，计算机联网售票开始。键盘一敲，40 秒即可压印出一张粉色纸质局域网票，比"硬板票"时期速度快了 15 倍。以前一个售票员一天售卖四五百张票，价值一万块左右；现在一个售票员一天可卖出一两千张票，价值二十七八万。2008 年，蓝色磁制车票开始使用，到 2011 年 6 月后，高铁实名制售票，蓝色车票上增加了旅客个人信息。三十年间,火车售票从算盘、硬纸板票,变成了计算机、磁介质票、网络售卖、自助取票、手机网站改签等。坐着小马扎、带着干粮、可丁可卯数着分角钱的买票人,经过了别着BB机、买本时刻表的90年代,抵达了拖着拉杆箱,千里京沪一日还的高铁新时代。

客票系统

今天我们通过互联网购票,或者电话购票,亦或者是窗口购票,票源都统一来自中国铁路客票发售与预定系统,简称为铁路客票系统。系统主要由旅客服务、市场营销、营运管理和支撑平台四个部分组成,其中面向旅客售票、补票、检票和验票服务的部分包括车站票务子系统、互联网购票子系统、电话订票子系统、列车票务子系统、卡务子系统、电子支付前置子系统,以及如今已经非常成熟的手机订票服务子系统。

从原铁道部客票发售与预订系统领导小组和工作组的成立开始计算,铁路部门对电子售票系统的研究已有长达二三十年的历史。值得一提的是,客票系统科研项目一经立项,当即被列入原铁道部科研发展计划和国家计委"九五"重点科研攻关项目,又于跨入21世纪前的最后一年被国家科委列入"九五"科技攻关中的重中之重。在工作组的指导下,客票系统车站售票系统、地区联网售票系统、全国联网售票系统三层架构落地实施，并根据市场需求，经过第一代版本到第四代版本的升级换代，功能不断地完善。如今，为了适应新规划的高铁网带来的市场规模、运营里程、运行速度的进一步扩大，原铁道部运输局总结以往运营经验和问题，启动了客票系统第五代版本的研发工作。系统升级之处主要在于加强售票组织、客票营销和集中管控，提高系统的实用性、先进性和可扩展性，并且以适应铁路跨越式发展为要求，同时体现"以人为本"的服务理念，构筑市场需求导向的铁路客票发售与预订体系，以满足不同层次用户的需求。同时实现客票销售渠道的网络化、服务手段的现代化，以及运营管理的信息化。

铁路客票系统采用集中与分布相结合的客户和服务器体系架构，总共设立了 1 个中央数据库和 23 个地区级数据库。地区级数据库的设置，综合考量了客运量、列车数、运营均衡性、行政管理划分、所在城市规模、通信条件等因素。列车的席位数据存储于地区数据库中，而在联网能力不足，但是又有相关业务需求的车站，也设有部分本地席位数据库，而随着如今有线、无线网络通信技术的发展，这种设有本地席位数据库的车站已经非常少见了。

官方网站

说起 12306 网站，大家一定不会陌生，其于 2011 年 6 月 12

日正式开通运行，24 日开始发售京沪高铁车票，在 2011 年 12 月 23 日正式发售全国铁路客车车票。为了保证超大规模并发下系统依然能够稳定平顺地运行，12306 网站也在不断的改进和完善，极大地提高了广大旅客的购票体验。

2018 年 11 月 3 日，12306 网站以全新的面貌上线，正所谓新版界面"颜值在线"，与旧网站相比，新网站的用户交互界面元素更加简洁美观，而且购票、退票、查询、换乘等功能操作便捷，人性化程度大大提升，总结起来就是逻辑结构更加清晰、便民服务突出、线上旅行便捷，以及增加时下流行的扫码登录功能。

同时，新版本的 12306 网站，也增加了正晚点、温馨服务、起售时间、约车四个功能。不仅实现了过去 1 小时至未来 3 小时内列车正晚点信息查询，还人性化地实现了重点旅客预约、遗失物品查找、质量服务投诉、网络购票投诉、建议及客服电话查询等功能，各火车站车票起售时间查询也变得更加快捷。12306 手机客户端还增加了目的地约车功能，实现了"铁路 + 网约车"一站式出行。这些做法，让我们看到的是 12306 网站在"以人为本"和"与时俱进"的道路上的决心和恒心。

智能终端

除了庞大的后台数据库和精美的官方网站建设，铁路部门为方便购票、取票和验票工作，研发了对应的智能终端设备，他们同在一张铁路专网里，共享后台数据内容，保证铁路客运有序运营。

随着微信、支付宝、城际通的广泛使用，售票点被自动售票机取代，排在售票大厅里的队伍越来越短，购票取票过程越来越人性化。自动售票机就像是一个"吐"票机器人，集证件识别、在线支付、纸币支付、找零、出票等功能于一体的旅客自助服务设备，能够实现便捷的旅客自助购票、取票等操作，这也是我们常见的铁路客票系统终端设备之一。

铁路的票证检验也有专门的机器人，那就是自动检票机，它又被称之为闸机，代替传统的人工进出站验票工作。如今的自动检票机，装有磁感应处理装置、人脸识别装置等，只需将蓝色的磁质车票正面朝上插入闸机的对应位置，符合检票条件时，安全门便会自动开启通行权限，大大方便了旅客的进出站效率，减少了不必要的排队，通行速率大大提高，也让身心疲惫排队进站的旅客变得轻松愉快，这无疑将加速推进人工检查身份证和车票成为历史。

与自动售票机不同的是自动取票机仅提供取票功能，而这种取票操作是建立在已经在中国铁路客户服务中心网站（www.12306.cn，简称 12306 网站）购票的基础上。旅客可以在自动取票机操作界面选择"互联网取票"后，将二代居民身份证放置于识读区验证，获取未出行行程，在操作界面勾选行程对应的车票，并点击"打印车票"即可完成取票操作。自助取票机不仅设置在火车站，在部分高校、企事业单位，乃至商场等人员密集的场所，也可以看到它的身影，这就使得旅客的取票更加快速、便捷。

还有一款智能终端是列车移动补票机，它常握在列车工作人员的手中，旨在方便、快捷的办理补票业务，实现了列车移动补票作业的电子信息化。

无票进出站

2018 年，京沪高铁、京津城铁、沪宁高铁、沪杭高铁、广深港高铁、武广高铁沿线的近六十个车站陆续推出"无票进站"服务。"无票进站"并非无票就可进出站，而是指在已购票的情况下，无需再取纸质车票，仅凭购票时所使用的二代居民身份证原件，直接通过车站自动检票机办理进、出站检票手续。

2018 年 7 月 5 日，中国铁路总公司党组书记、总经理陆东福在"智能高铁发展暨京津城际铁路开通十周年论坛"上宣布：电子客票将于明年在全国全面推广！这意味着，以后乘坐高铁将无需再取纸质车票！

这次，高铁自动检票机真正实现了"无纸化办公"，只需要刷身份证，当购票信息正确，满足检票条件时即可顺利通行，这就更加符合如今快节奏的通行需求。高铁开通使用身份证进站上车，简单的一扫，省去了旅客在候车室来回奔波和车站工作人员查票的时间。看似为旅客服务前进的一小步，却为旅客的出行带来了极大的便利。

更为先进的是目前北京、上海、广州、深圳、杭州、郑州、武汉、湛江等城市都已经支持刷脸进站快速服务。这意味着已买票旅客不用提供身份证，只要进站前在刷脸快速通道，对着"人脸识别"机器看一眼，安全门顺利开启，便可直接进站乘车。

按照中国铁路总公司部署，电子客票和刷脸进站将在全国范围内逐步推广，届时将惠及全部旅客，大大方便旅客出行。

2. 人性服务

在铁路发展最快的十年里，伴随着高铁里程数的不断攀升，"旅游专列""朝发夕至""动车组"一个个新鲜词走进了老百姓的生活，除此而外，人们欣喜地看到铁路部门的服务不断向更加人性化转变，"人民铁路为人民"不再是一句口号，而是正逐渐变为实实在在的行动⋯⋯

高铁能快速发展，在众多交通方式中脱颖而出的核心竞争力是服务。中国高铁不论是与其他交通方式的竞争，还是与国际上其他的高铁品牌竞争，其本质是服务的竞争。从"以人为本"的理念出发，是追求服务的最高境界。旅客，是高铁服务的主体，从旅客进站到旅客出站，完整的一段旅程中，铁路部门"因民之利而导之，顺民之意而能之"，在各个环节为广大旅客提供更多的人文关怀，提供各种优质的服务，想旅客之所想，急旅客之所急，在细微处，不断渗透人性化的服务理念，让旅客处处体验到高铁出行的轻松、自然、方便和简单。高铁之旅，是舒心之旅。中国高铁代表着中国速度，高铁服务也应该成为中国品牌和战略。

随着铁路改革的深化，铁路部门也在满足旅客基本需求的基础上，不断追求将人性化服务融入其中。比如高铁上吃什么，一直是旅客热议的话题。2016年5月份，中国铁路总公司推出了"中国铁路餐饮"系列产品，针对不同区域、不同季节、不同时段、不同消费需求，在原有快餐盒饭基础上，研发推出包子、饺子、面条等多种富有地域特色的餐食，品种由原来的300余种增加到400余种，旅客选择更加丰富。以美食著称的祖国西南地区，拥有占地1.7万平方米的全国最大铁路配餐中心，这里平均每天能够生产万余份高铁快餐，为经过重庆、贵州、和四川三个省市的高铁送餐。该中心具有完善的管理体系，为每种菜品编制了标准的生产菜谱，食品安全更是严格把控，从原料验收、产品加工再到贮存管理，每个环节都严格检查，确保送到旅客手上的餐品安全放心。辣子鸡丁、回锅肉、黑椒牛柳……看着动车组上的餐单，仿佛坐在了一家成都小吃饭店，让人食欲大增。

再比如铁路部门为农民工送票上门、开辟"绿色通道"送新疆采棉工返乡；在客流高峰期加开临时列车、加挂车辆，千方百计地让旅客走得了、走得好；提高餐车饭菜质量、盒饭和矿泉水限价销售，尽量让旅客吃得好、吃得饱；推出电话订票、网络购票和车票实名制，最大限度地方便旅客购票；推广刷脸进站和电子客票的普及；广播、电视通告、网络、微博温馨提示，全方位及时地为旅客出行提供资讯等等，这些人性化的服务举措数不胜数，而这每一项措施都是围绕着如何更好的为旅客服务而精心制定的，可以看出铁路部门已从"坐商"变成了"行商"，正在追求把为民服务变得更加细微体贴。

上到规章制度的制定，下到细微的实际行动，都体现了铁路人的真心付出。部分人性化设施和机构的设置是铁路部门人性化服务的重中之重，北京南站润秋工作站和合肥南站"10+X"志愿服务站就是铁路部门众多人性化设施和机构中的楷模。

北京南站润秋工作站

润秋工作站是以张润秋为核心成员，2010年11月在北京南站设立的专门服务旅客的志愿服务组织。在张润秋的带领下，这个由"90后"组成的队伍，通过一个服务咨询台、一部服务热线电话、一个爱心服务专区、一个润秋微博，为近百万名需要帮助的旅客提供预约、咨询、引导、帮扶等服务，兑现了让旅客"享受服务、快乐出行"的诺言。

张润秋同志是中国铁路北京局集团有限公司北京南站客运

值班站长，2010年荣获全国劳动模范荣誉称号。工作中，哪里有老人需要服务，哪里有母亲需要哺乳，哪里有病人需要照顾，她总是第一个知晓，在第一时间为旅客提供优质的服务。

走进北京南站的候车区就会看到两个穿着铁路制服的年轻姑娘，微笑着站在"润秋服务台"的标志下，这就是北京南站"润秋服务台"的所在地。她们前排半圆形的柜台上，左边放着急救箱，急救箱里备有硝酸甘油、黄连素等一些急救药品和常用药，为的是旅客急需时用得上；右边的塑料盒里放的是爱心服务卡，服务卡不仅有"润秋名片"，还有南站周围的汽车换乘路线，可以说一卡在手换乘不愁。作为"润秋名片"，其印有"润秋服务组"的电话联系方式、"润秋微博"地址，方便为普通旅客及老幼病残孕等重点旅客提供预约、咨询、引导、帮扶等服务。

"润秋服务组"把爱洒遍了大江南北。北京台报道过一则真实案例，一位在北京治病的旅客，春节前想回家看看，但自己的身体不适，担心在南站乘车上上下下不便，同病房的病友就把自己在南站坐车时拿到的一张"润秋服务组"卡片给了他，他通过电话预约了"润秋服务组"。到达车站时，他得到了"润秋服务组"的接站服务，顺利登上了回家列车。这样的事不知发生了多少回，每一回周到热心的服务，就会温暖一位急于回家的外乡人。爱就是这样积累、这样储蓄、这样延伸的。

有了爱就会有爱的继续，有了爱就会有爱的回报，送人玫瑰，手有余香。在"润秋服务组"的微博上经常有旅客询问她们的生活情况，身体状况；还有的旅客直接把鲜花送到了"润秋服务台"上；更有旅客来北京办事，先到服务台前看望为自己服务过的"润秋们"。

合肥南站"10+X"志愿服务模式

合肥高铁南站围绕车站地区运营特点，针对一年中不同客运高峰和保障试点需求，创新实施了"10+X"的志愿服务模式。"10"即出行引导、转乘指引、搬运送站、重点帮扶、失物招领、便民租借、紧急救助、重点预约、零钱兑换、客流疏导等常态化服务项目，满足旅客基本出行需求。"X"即围绕春暑运、假期客流高峰和雨雪等极端天气时段，推出阶段性主题服务活动和应急保障志愿服务等，如：连续开展4季的春运"温暖回家路"和暑运"夏日清凉行"主题服务，针对不同的出行需求，设置了特色服务活动。"清凉花茶"为旅客在炎炎夏日带来了一丝凉爽；红枫驿站的"温情医疗"救助点免费为旅客测量血压，提供防暑降温的小药品，宣传中医药知识，让旅客安全出行、放心到家；成立"红枫爱心车队"，雪中送炭，护送重点旅客平安到家；"雪中守护"服务，志愿者一对一帮扶重点旅客进出站，暖人更暖心。

作为"爱在南站"项目的核心内容，作为一个"365天永不落幕"的志愿服务项目，"10+X"志愿服务模式自开展以来从未间断。在服务旅客、保证高铁南站志愿服务常态长效上发挥了不可小觑的作用。同时，全方位的服务理念为志愿服务模式的形成发展提供了强有力的保障和支撑，切切实实服务广大旅客。

这几年，铁路部门的服务已经越来越人性化。比如车站考虑到重点旅客出行不便，特地增加座位、增设重点旅客候车区，这样既为重点旅客解决出行不便，又能为候车等待增添一份舒适；考虑到旅客候车时用餐不便，特别设立用餐区域和便民小餐桌，这样用餐的旅客既不会影响其他旅客候车，又能获得一个整洁的私人空间安心用餐；考虑到出行时手机电量耗尽所带来的不便，候车室安装了手机充电设备，这样既解决了出行时手机无处充电续航问题，又能消除旅途中的种种担忧……这些措施无形中成了高铁的核心竞争力。

类似的人性化服务无处不在，当我们走入各个火车站、各节车厢，处处都能看到铁路部门推出的一系列特色服务。目的就是以一流的温馨服务展现铁路客运服务新形象和新风貌。从细微之处体现对乘客的关怀，让旅客在旅途中感受到温馨服务、暖暖真情。

智能服务机器人

随着计算机技术、通信技术、控制技术的长足发展，以及大数据、云计算、人工智能等新兴技术的持续突破，各类高新技术产业都实现了巨大的发展，以智能服务机器人等为代表的新型智能终端逐渐兴起，为助力铁路运输服务质量进一步提升提供契机。

面向铁路的智能服务机器人广泛应用可谓是最好的印证。山西太原火车站软卧候车室上岗的智能服务机器人，呼和浩特火车站的机器人"铁小妹"，上海虹桥火车站使用的迎宾机器人，武汉火车站站推出的"头雁号"机器人，大连火车站候车厅服务台旁首次启用的智能服务机器人，青岛火车站推出的巡逻机器人、导航指路机等无一不狠狠抓住了广大旅客的眼球，也同样是方便旅客出行的智能化服务新举措。

以武汉火车站与洪山区站区办联合研发的"头雁号"机器人为例，它不仅行动自如，还充满智慧。它的"大脑"里存储着武汉火车站各次列车的候车区域、车站常见问题、旅行常识、公交出行等信息，脸部还会用灯光闪烁做出"表情包"。

这些智能服务机器人，有的憨厚可掬，有的小巧可爱，有的又古灵精怪。不但能说会道，而且聪明伶俐，用"才高八斗，学富五车"描述都不足为过。这些在各个火车站勤劳值守的智能服务机器人集旅客咨询、路径指引、智能导航等人性化的特色服务于一体，减少车站人员工作量的同时也充分改善了广大旅客的出行体验。

可以说智能服务机器人与传统的人工客服相比，具有更为灵活的智能化特征和服务特性，能够实现感知、决策、执行的系列功能，是一种新型的智能终端设备。这些"智慧客服"是语音识别、精确定位、环境感知等高新技术的集大成者，相信它的广泛使用，会让铁路运输服务"更上一层楼"。

3.司乘服务

敬业"动哥"

为了保障运输任务，春运期间照例增开班次，动车组司机们的驾驶任务更繁重了。但机务段的"动哥"们，为了按时送车上的旅客们平安回家过年，以自己过硬的技术本领和强有力的责任心，往返在这段冰冷铁道上，给铁道也带来了一丝温暖。他们在比拼，在赶超，因为这些"动哥"们有一个共同的目标，向他们的偶像王晓伟看齐！

王晓伟是西安铁路局的一名动车组司机，每年的春运，他都奋战在高铁运输第一线。2018年的春运异常繁忙，王晓伟在白天以最大的努力，用最娴熟的技术为旅客们带来一段舒适的归家之旅。在夜晚的时候，王晓伟依旧在为春运工作操心，他用自己的休息时间去钻研和思考春运期间可能产生的问题，并思考对策与同事分享，防患于未然，目的就是保障每趟列车安全、准点、平稳地运行。

作为一名特别的司机——动车组司机，自然比普通列车的司机要求更加严格。为了使旅客们的乘车体验更棒，"老司机"开车会提前预判，平缓推动牵引制动手柄，均匀加减速，这一系列动作在动车驾驶中称为对标过程。为了平稳驾驶动车，王晓伟和同事们一直在苦练对标技术，而为了使动车组司机们更加深入、清晰地掌握这门技术，王晓伟付出了巨大的心血，他根据自己多年的驾驶经验，总结出了一套关于对标技术的详细操作方法，并将其分享给每一位同事，督促大家共同进步。旅客们如今所享受的一个良好的乘车环境与这群特殊的司机们的努力密不可分。

贴心"高乘"

"看一下，正不正，别贴歪了。左一点，好了，正了。"家家户户春节都要准备年夜饭、贴春联，高铁上就像家里一样，也不例外。2018 年 2 月 12 日（农历腊月二十七）6 点 13 分左右，在西安北开往北京西的 G652 次列车上，列车长相阿莹及其班组成员，提前一个多小时就来到了列车上，除了进行了正常的领取对讲机、整理药箱等日常工作外，还开始装扮每节车厢，在车厢车窗位置张贴了福字窗花、行李架上了系上中国结等，为旅客营造春节的欢乐气氛。列车开动后，相阿莹及其班组成员还与旅客进行了互动，送春联、送祝福，更为小朋友们送上小玩具。在乘务班组送去的一幅春联中，他们写着"平安如意年年好，家和人顺步步高"。当天出乘 G652 次的班组成员由 1 名乘务长及 5 名乘务员组成，且均为"90 后"，最小的成员是 1995 年的。

自高铁开通以来，这些温馨的活动不胜枚举，高科技高质量的动车面前，配合人性化的制度体系，认真的乘务人员将高素质高责任心一同表现出来，满心都是善，满眼都是和，让乘客在体会到高科技带来便利的同时，也能如期感受到乘务工作人员的热情和负责。

就在铁路部门的服务人员举手投足之间，一件看似非常寻常的小事，却彰显出了铁路注重服务细节的独特魅力。俗话说"细节决定成败"，当铁路部门把细节落实到平常的每一项服务当中，看似一句简单的温馨的提醒、一句轻声的问候，却反映出铁路作为服务部门对旅客无微不至的关爱，同时也折射出铁路服务从过去粗放式服务到如今人性化服务质的转变。我们作为旅客，对铁路部门的这些服务细节，不妨多一些掌声、多一些鼓励。

"海不择细流，故能成其大；山不拒细壤，故能就其高"。相信铁路部门在服务旅客的过程中，从小事做起，从一点一滴做起，在服务上注重更多的细节，让这样温馨的服务伴随着每一位旅客的温馨之旅。

4.爱心专列

铁路作为服务行业，尤其涉及国计民生，除了企业应有的运输任务外，还应自觉承担更多的社会责任。奉献爱心，传递爱心，用中国速度传递中国温情。

2019 年 1 月 22 日，"花城有爱，冬日暖阳"春运爱心专列 G9648 次列车从广州南站开出，近 1200 名旅客免费乘坐"复兴号"，从广州出发回到邵阳老家。

2019 年 1 月 25 日，由中国铁路南宁局集团有限公司开行的爱心务工专列 D3702 次列车从广州南站开出，接送 690 名在粤务工人员返回广西过年。

2019 年 1 月 28 日，中国铁路西安局集团有限公司开出"2019年平安返乡爱心专列" D1929 次列车，为在西安的川籍务工者免费提供 556 张高铁火车票，帮助他们在春运期间平安返乡、团圆过年。

爱心专列，像平静的水面上丢进一粒石子，水纹一波接着一波传递，顿时激荡起一个又一个爱心圆，并不断扩大。高铁沿线所在地的快递员、环卫工人、出租车司机等一线基层工作者，以及老人、妇女儿童、残疾人等均可报名爱心专列。工作人员还在爱心专列上策划了精彩的文艺演出，让返乡的人们一路欢声笑语平安到家。

充满爱心的世界，是那跳动着温暖炉火的小屋；充满爱心的世界，是那拥有绚烂色彩的画卷；充满爱心的世界，是那满载着农民工回家的高速列车。

5.助力春运

　　每年春节前夕，乡愁便来的更加猛烈，被誉为人类文明史上规模最大的迁徙——春运便开始了。这种迁徙以年为周期，并随着社会经济的发展，一浪高过一浪。在 40 天左右的时间里，有 30 多亿人次的人口流动，相当于全世界一半人口都运动了一次，相当于全国人民进行两次大迁移。

　　回家过年，永远是中国人年底的主题。不管离家有多远，不管是在外工作还是求学的游子们都要尽量赶回家人身边，团团圆圆过大年。庞大的返乡人流也导致了春运难。铁路是春运运输的重中之重，在高铁出现以前，K、T、Z、L 打头的火车是很多人返乡的记忆，也曾经是这场运动的载体。坚固而闪亮的钢轨，从辽远的地方延伸来，又延伸向无限的远方，总想着遥远的那头是故乡，摇摇晃晃的车厢载着天南地北的游子，马不停蹄地发往前方。

"春运"一词最早出现在 1980 年的《人民日报》上，是改革开放后，劳动力集中流向全国几个特大城市而形成的中国特有的社会现象。因此，从狭义来说古人是没有春运的，但从广义上来讲，从春节出现开始，春运现象就存在了，即所谓春节期间的出行。

古代受自然、礼俗"父母在不远游"等因素的限制，人口流动的数量并不大，距离也不太远，古代春运的主体也并非"外出务工人员"，而是公务人士和商人。

"回家难"的背后实是"行路难"，据《汉书·贾山传》记载，"秦为驰道于天下""道广五十步，三丈而树，厚筑其外，隐以金椎，树以青松"。驰道是秦国的国道，按照记载数据折算看，驰道宽达 69 米，路边还栽植松树，绿化降噪，驰道被誉为"古代的高速公路"。

除了驰道，秦时还有直道、轨路等。这里所说的轨路，便是当时的"高铁"。当然，那时的轨道非钢轨，而是用硬木做的，下垫枕木，除了工程材料不同外，与现代铁路基本没有什么区别。马车行驶在上面，速度非常快。

"行路难"的问题从秦代一直持续到了现在，如今这个问题已经得到了很大的改善。以往人们回乡，可能要坐火车转站，下火车还要换客车，下了客车可能还要走泥巴路。过去要花一天一夜的行程，如今坐高铁几个小时就能到达。过去一提到买票人们就头大，没熬过夜排长队都不好意思说自己在大城市打拼过，如今随着实名制和互联网购票的普及，人们足不出户，在家用手指点点手机就能买票。甚至可以不必"买"票——直接手机支付就行。

2008年初南方的那场大雪仍然记忆犹新，数千万农民工不能如期返乡过节。仅在广州火车站一天便滞留了数十万乘客，人潮汹涌。当地政府出动大批警力，把乘客分散在不同区域才避免了踩踏事故的发生。虽然是因为天灾导致部分设备故障，列车停运而滞留大量旅客，但那时候全国还没有高铁，铁路运量有限也是事实！

如今，高速铁路迅速发展，高铁自然成为春运出行的第一主力军，它已承担了全国超过一半的铁路旅客通勤量！2019年春节假期7天，铁路发送旅客6030万人次。其中，高铁动车组累计发送旅客3648万人次，占比60.5%。说明在铁路运输中，大部分人选择了高铁动车组出行，说高铁成功担当春运的主角毫不夸张。它不仅完成了为人民服务的使命，更是实现了旅客从"走的了"到"走的好"的转变，悄然改变了中国30年的春运格局。

高铁网络辐射四面八方，一方面说明越来越多的民众把高铁作为出行的首选交通工具。另一方面也代表铁路部门在致力于打造快速便捷的全国高速铁路通道做出的努力得到了认可。一座座高铁站拉近了家和远方的距离，一条条暖心的返程路不断铺就。高铁减少了归乡人在路途的时间，缩短了离家的时空距离，回家的脚步更从容稳健。

拥挤不堪成为历史，平安、便捷、温馨、舒适成为新时代春运回家的主题。高铁香港段开通后，香港机场与高铁组成的"机铁联运"成为不少在海外工作的中国人回国的新选择。部分华人选择坐飞机到香港，然后再换乘高铁回家。数据显示，2019年2月4日至10日春节假期，坐高铁离开香港的旅客约27.2万人次，坐高铁进入香港的旅客约18万人次。高铁成为这个春节最有温情的见证者，并将进一步拉近游子与家人之间、大陆与香港之间、中国与世界之间的距离。

第二章　文化旅游

历史的进程告诉我们，城市的发展与交通方式的变革密不可分。古代大规模运输货物的方式是水运，最有名的水运大通道当属京杭大运河，这条世界上里程最长、工程量最大的古运河使用至今，途经浙江、江苏、山东、河北四省及天津、北京两市，连接了杭州和北京。京杭大运河无疑对沿线地区的经济发展和文化交流起了巨大推动作用；工业革命时期蒸汽机的发明和矿石运输的商业需求，促使铁路运输迅猛发展，在铁路终端的新型城镇快速兴起；现代高速公路串联着大城市和沿线城镇，形成了以高速公路为轴的城市群。

交通方式的发展与变革深刻影响着城市的发展，对于旅游城市，这种影响更是显而易见，因为交通是影响旅游体验最重要的因素之一，交通条件的好坏直接影响旅游资源的市场潜力，影响游客的出行体验。

高铁降低了旅行时间成本，高速的客流运转推动了城市与城市之间旅游业的迅猛发展，高铁的时空压缩效应使都市圈旅游辐射范围进一步扩大。在法国，巴黎－里昂－马赛的高铁线是法国大城市旅游的连接轴，而大西洋高铁线是连接中等城市与巴黎的通勤带，使得巴黎和里昂组合成都市区；在美国，高铁加强了加州北部和中央谷地区以及加州南部聚居区的联系，游客能够在一次行程中游览加州南部和加州北部的风光；在日本，东海道新干线开通，为旅游者出行提供极大的方便，东京都市圈扩大成为东京大阪大都市连绵带。在中国，高铁网的建设，给高铁沿线旅游景点带来了巨大的收益。

1.以站为本，彰显传统之美

在高铁车站建筑设计中融入最新设计理念，能充分利用现代化车站的功能。车站的现代化设计保证了乘客使用安全和方便，良好的内部和外部环境条件，为乘客提供安全、舒适的乘车环境。在建筑造型设计上，设计者经过充分的调查研究，结合当地的历史文化、地域特征，设计出风格各异、赏心悦目的车站建筑。同时在设计和施工中考虑到绿色、节能、环保和可持续发展等要求，还配合城市发展规划布置车站相关设备，为城市轨道交通规划预留换乘接口条件，使客流组织合理、方便快捷。

现代车站，特别是高铁车站，在交通运输中发挥强大连接和枢纽功能的同时，还融会了传统文化与现代科技，体现了践行科技创新与和谐人文的特色。

北京南站

北京南站，这个坐落于中轴线西，南二环与南三环间的铁路车站，是传统文化在车站设计中的典范。北京南站在设计中汲取和借鉴天坛的建筑元素，将错落别致的天坛穹顶，转换为车站珠圆玉润的中央屋盖，而天坛的二、三层演化为站房两侧跌落式的雨棚。使得北京南站不仅呈现出北京城地域文化的古典庄严，又体现了现代交通建筑的时代特征。

西安北站

立意"唐风汉韵、盛世华章"的西安北站，外表朴素庄重、雄奇壮美，完美诠释了气势恢宏四个字，彰显浓郁的汉唐雄风。西安北站更是融合了唐朝建筑大明宫含元殿和西安城墙的元素，屋顶、进站大厅、高架层分别源自大明宫含元殿出檐深远的屋顶、结构外露的墙身、浑厚有力的台基。充分利用符合结构力学规律和力学原理的元素，体现结构自身的形式美和韵律美。

西安北站的屋盖由十一个折板钢网格结构单元体组成，每个单元体在中间高起的屋脊处开以梭型天窗，既通过结合梭形遮阳百叶实现良好的自然通风与采光，取得具有视觉冲击的室内空间效果；在立面上形成的弧形屋脊，与舒展的两翼相得益彰，优化了结构受力和采光条件，既有中国传统建筑大屋顶的神韵，又是现代新型大跨结构技术的体现，达到历史文脉与现代科技的完美统一。建筑形态在体现地域文化特色的同时，兼具结构受力的合理性。体现出深远的"唐风汉韵"意境。室内主要为灰色和白色等浅色调，体现出西安古城风貌，营造了一种安静的氛围。

南京南站

以"古都新站"为特色主题的南京南站，以南京城的愿景为依托，力求让建筑彰显文化，成为历史文化名城的文脉传承。传统斗拱等木质结构是南京南站最突出的特点，这也让南京南站与城市气质相得益彰、别具一格。

曲阜东站

表征建筑与城市文化背景有机融合，充分体现天人合一境界的曲阜东站是一个具有浓厚文化底蕴的现代化交通枢纽。观其外表，曲阜东站的造型与曲阜儒学文化区整体的建筑风格协调一致，明净透亮的玻璃穹顶让阳光充分摄入，不仅是节能环保的代表，也寓意着儒家思想始终指引着中国文化的发展。

济南西站

位于济南市槐荫区齐鲁大道6号的济南西站，由中国铁路济南局集团有限公司管辖，是京沪高速铁路、石济高速铁路和胶济客运专线的客运站，是京沪高速铁路五个始发站点之一。其设计充分体现了山东的地域特色和文化特色，整个站房具有传统木式结构建筑的风格，吸取中国古建筑中橱窗的特点。车站站房顶棚呈波浪形曲面，站房内部装修则根据功能区采用了不同风格。此外，车站采用大跨度无站台柱雨棚设计，使乘车视野开阔。站房顶棚上还设计有自动融雪系统和虹吸排水系统。

上海虹桥站

上海铁路虹桥站位于上海西部，是一个立足长三角、面向全中国的区域性大型综合交通枢纽，集民航、高铁、普速、城轨、高速公路、磁悬浮、公共交通等多种交通方式于一体的典型代表，具备跨区域、大范围人流物流快速集散的能力，是全国乃至世界上最大的综合交通枢纽之一。巨大的全透明玻璃穹顶，是上海虹桥站最鲜明的写照，也折射出广泛包容、中西合璧的上海精神。其造型以平直、方正、厚重为设计理念，体现了海纳百川的海派文化及现代化铁路客站的功能性、系统性、先进性、文化性和经济性的建设理念。

杭州南站

说起火车站，不能不说历史悠久的杭州站，其站房由程泰宁操刀，采用了高进低出航站楼式设计，并使用了巨型网架结构体系，体现江南民居"粉墙黛瓦"意象。江南传统风格的屋顶、"门"字形综合大楼下的进站大厅、人字形屋顶、窗洞以及细节丰富的柱子，均由江南建筑元素衍生而来，又不失时代气息。另外，杭州南站是同处杭州的另一座车站，站房的设计采用杭州传统建筑的建造形式，站房基座采用灰色花岗岩，车站主楼用白色墙壁将候车大厅的层面围合在内，立式镂空百叶环绕其间，刻画出中国古典窗户的情趣意象。

兰州西站

作为中国西部最大规模的路网型铁路客运枢纽站和中国铁路总公司规划的十大区域性客运中心，兰州西站分为高架候车层、站台层、出站层三层。功能格局为"南北地上进站、高架候车、地下出站"，旅客流线模式为"上进下出，南北进站，东西出站"。其车站设计充分融入丝路飞天文化，建筑风格兼有中原传统文化和西域风情特色，气派恢宏、流动飘逸。

成都东站

位于四川省广汉市西北的鸭子河南岸的三星堆古遗址，距今已有五千年历史，是迄今在西南地区发现的范围最大、延续时间最长、文化内涵最丰富的古城、古国、古蜀文化遗址。成都东站的设计正是源自三星堆出土文物的灵感，两个"三星堆"

独特的青铜面具造型作为建筑正面支撑立柱，舒展、张扬的屋檐，形似太阳神鸟归来。成都东站设计中还融入了川西风格竹编幕墙，还有展现汉蜀文化的宫阙和雕刻，可谓别具一格，魅力尽显。

贵阳北站

贵阳北站作为西南地区的门户和贵阳市的地标建筑，设计上以现代建筑手法体现"旅游天堂、贵州印象"的主题构思，造型从贵州独具特色的民居形式鼓楼、花桥中提炼出"重檐"元素，并与当地山水胜景：梯田、瀑布的"层叠"线条结合，以水平线条的组合变化勾勒出"贵州印象"。

2.以车为翼，给文化插上翅膀

人名也好，车名也好，大家在构思时都有一种共同的愿景，期待美好的事情发生。如"和谐号"动车组的命名，标志着中国铁路对和谐理念的躬身践行，寄托了铁路人对打造和谐之旅、建设和谐铁路、构建和谐社会的美好愿望和不懈努力。而"复兴号"命名则是"中国梦"的完美诠释。除此之外，国内的车企在使用字母和数字组合为新车型定义"学名"的同时，还给他们取了一个雅致的"小名"。

金凤凰

《尔雅·释鸟》中记载的一种鸟类，特征是："鸡头、燕颌、蛇颈、龟背、鱼尾、五彩色，高六尺许"。《山海经·图赞》说有五种像字纹："首文曰德，翼文曰顺，背文曰义，腹文曰信，膺文曰仁。"

这当然就是在说金凤凰。神话中说，凤凰每次死后，会周身燃起大火，然后其在烈火中获得重生，并获得较之以前更强大的生命力，称之为"凤凰涅槃"。如此周而复始，凤凰获得了永生。凤凰性格高洁，非晨露不饮，非嫩竹不食，非千年梧桐不栖。以"金凤凰"命名中车长春轨道客车股份有限公司生产的中国标准动车组，则表现出的是中国高速动车组坚实的创新足迹。

蓝海豚

有人说蓝海豚在友情方面代表友谊纯洁天长地久，在爱情方面代表一种憧憬未来 向往幸福的意义，在亲情方面代表关爱。然而以"蓝海豚"来命名由中车青岛四方机车车辆股份有限公司生产的中国标准动车组，则更多的是象征中国高铁列车的速度之快、安全性之高、形象之和蔼可亲。

蓝暖男

说起暖男，大家一定想到的是像煦日阳光那样，能给人温暖感觉的男子。他们通常细致体贴、能顾家、会做饭，更重要的是能很好地理解和体恤别人的情感，长相多属干净清秀的类型，打扮舒适得体，不会显得过于浮躁和浮夸。

而我们新鲜出炉的"蓝暖男"，其实是时速250公里CR300BF型"复兴号"动车组，是中国标准动车组系列化产品之一，可适用于不同基础设施、不同客流量的运营线路，以低能耗、高性价比的优势，满足多样的运输服务需求。

绿巨人

在漫威宇宙中，有一位世界著名的物理学家在一次意外中被自己制造出的伽玛炸弹的放射线大量辐射，身体产生异变，此后每当他情绪激动心跳加速的时候就会变成名为浩克的绿色怪物，那就是绿巨人。而动车组中的"绿巨人"则是指时速160公里CR200J型"复兴号"动车组，其不仅满足现有普速铁路的客运需求，还能充分利用既有机车和客车的运输、线路、检修资源。

CR200J动车组参照动力分散动车组进行优化设计，并采用流线型外形，内部服务设施设备与既有动车组基本一致，其设计时速160公里，适用于所有普速电气化铁路。另外，与传统机车牵引客车相比，该车型司机操作更加方便快捷，旅客乘坐更加安全舒适。2018年12月1日，从中国铁路兰州局集团有限公司获悉，兰州局2018年底列车运行图调整方案现已出炉，其中，兰渝铁路即将全线开通"复兴号"CR200J动车组。CR200J动车组可全面替代25型客车，将成为我国下一代普速客车里的主力车型。

3.以途为乐，尽享出行之趣

火车代表着远方，代表着期待。车轮与铁轨的摩擦声，是一曲在路上的欢歌，它的铿锵有力增加了旅途的激情，它的浑厚简洁却又让旅客心安惬意；高铁压缩了世界，拉近了距离。看着时间随着车轮奔跑，追逐一路的风景，享受目的地的美景，这才是火车旅行的美好。

3.1.最美之路，杭黄线

线路概况

自古以来，黄山和杭州两地山水相连，人缘相亲，其中见证两地密切往来历史的徽杭古道是古代徽商和浙商重要的贸易往来通道。杭黄高铁的通车又在两座城市之间架起了一座新的友谊桥梁，在促进两地交流合作，实现资源共享方面，通过高品质的交通网络得到加强。杭黄高铁开通后，杭州坐高铁到黄山只需一个半小时，这使得原本交通较为闭塞的皖南地区，快速融入江浙沪的"一小时交通圈"，对推进长三角一体化和推动沿线旅游事业的发展有着重大意义，黄山市也正式加入了杭州都市圈，同城效应使得区域一体化发展得以加速推进。

杭黄高铁正线全长265公里，由杭州东站向西途经萧山、富阳、桐庐、建德、淳安和安徽的绩溪、歙、徽州，最终接入黄山北站，运营时速250公里。杭黄高铁的一端是"浓妆淡抹总相宜"的人间天堂，另一端是"黄山归来不看岳"的人间仙境，沿途串起西湖、千岛湖、宏村、黄山等7个5A级风景区和多个4A级风景区、国家级森林公园、地质公园，杭黄高铁就像一根项链，把原本散落的珍珠串联了起来。

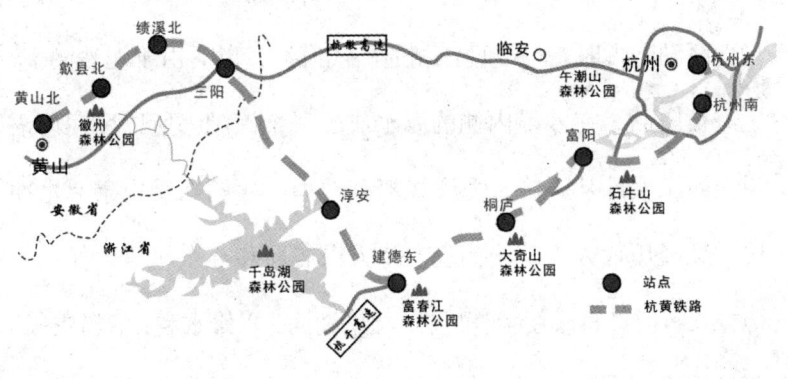

图15　杭黄高铁线路图

沿途风景

黄山

无论谁来排名全国最美风景区，黄山必有一席之地，这体现了黄山在全国人民心中独一无二的地位。而黄山的景色，也配得上全国人民的期许。不同的季节，不同的天气去黄山都能欣赏别样景色：春季看杜娟花开，山鸟飞歌；夏天看飞瀑流泉，日出晚霞；秋季赏绚丽秋景，色彩缤纷；冬季观银妆素裹，漫天飞雪；晴天看奇松异石，阴天看云海翻腾。

西湖

无论谁来排名全国最美风景区，杭州西湖也必有一席之地，以一山、二塔、三岛、三堤、五湖为基本格局，著名的西湖十景点缀其间，自然与人文相互映衬，美不胜收。人民币壹圆纸币背面的三潭印月景观，也体现出西湖在中国风景名胜中特殊的地位。

西湖远古时是与钱塘江相通的浅海湾，以后由于泥沙淤塞，大海被隔断，在沙嘴内侧的海水成了一个泻湖。所以民间谚语说：西湖明珠从天降，龙飞凤舞到钱塘。西湖承受山泉活水冲洗，又经历代人工疏浚治理。诗人白居易和苏东坡等人任杭州地方长官时，都悉心治理西湖，疏挖湖泥，兴修水利，灌溉农田，而且构成了湖中三岛、白苏二堤、湖上塔影的佳丽景色。环湖山峦叠翠，花木繁茂，峰、岩、洞、壑之间穿插着泉、池、溪、涧，青碧黛绿丛中点缀着楼阁、亭榭、宝塔、石窟。湖光山色，风景如画。清漪碧波和绿云翠谷间，闪烁着无数秀丽的自然景观和璀璨夺目的历史古迹。苏东坡赋诗到："水光潋滟晴方好，山色空濛雨亦奇。欲把西湖比西子，淡妆浓抹总相宜"。

京杭大运河

京杭大运河始凿于春秋，至今已有2400多年历史，横贯南北4省2市，全长1794公里，是世界上里程最长、工程最大、历史最悠久的运河，这是祖先留下给我们的珍贵物质和精神财富，是活着的、流动的重要人类遗产。大运河是杭州旅游的一张金名片、也是江南水乡文化体验的经典目的地。大运河流经了富庶儒雅的钱塘佳丽地，记录了杭州繁华古都的沧桑沉浮和白墙粉黛的市井百态。不管是徒步、舟游，还是骑行、小憩，都可以触摸到杭州运河华而不燥的厚重之感，欣赏到运河沿岸无处不在的风雅之美。

许多年来，杭州黄山两地的旅游收益一直排在国内前列，乘坐杭黄高铁，游览人间天堂杭州，人间仙境黄山，赏西湖美景，吃千岛湖鱼头，观黄山日出，品徽菜美食！

3.2. 生态之旅，贵广线

线路概况

贵广高铁全长860公里，横跨黔、桂、粤三省，由西起始于贵阳北站，从龙里穿越斗篷山至都匀，而后经过三都县，沿都柳江、榕江和从江江，进入广西壮族自治区，经柳州市三江，穿天平山隧道经桂林后跨漓江，继续经恭城、钟山、贺州进入广东省境内，再经怀集，跨北江，经肇庆、三水、佛山进入广州枢纽广州南站。

贵广线在线路规划之初，就充分考虑到线路所经区域的自然保护区、风景名胜区和水源保护区等。线路方案共绕避了40处环境敏感区，如线路绕避了贵阳阿哈水库自然保护区、都匀茶园水库、三都都柳江、榕江归九溪、三江浔江、桂林漓江、恭城茶江、贺州龟石水库及贺江等水源保护区；都匀斗篷山水源涵养林自然保护区、花坪国家级自然保护区、海洋山自治区级自然保护区、银殿山自然保护区、三岳自然保护区等。

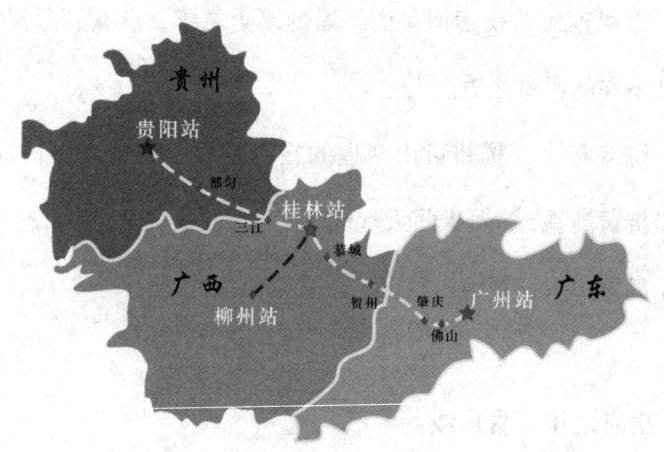

图16　贵广高铁线路图

沿途风景

贵广线途经苗族、瑶族、水族、布依族、侗族、壮族等少数民族居住区域，民俗民风浓郁，具有独特的宗教信仰、风俗习惯和语言文字。

贵阳是我国西南地区重要的交通枢纽、工业基地及商贸旅游服务中心。俗话说"上有天堂，下有苏杭，气候宜人数贵阳"。气候宜人、空气清新、山明水秀、绿带环城，是这个国家森林城市的名片。温和湿润的气候使得这里夏无酷暑、冬无寒冬。多民族杂居的历史孕育了贵阳浓郁的民族风情。以山奇、水秀、石美、洞异为特点的喀斯特自然景观黔灵山、花溪湿地、南江峡谷、天河潭等常年吸引着络绎不绝的游客。而青岩古镇、甲秀楼、阳明祠等人文景观则展示了千百年来各族人民共同造就的文化奇观。糟辣脆皮鱼、八宝甲鱼、泡椒板筋、状元蹄等贵阳名菜也会令来自天南海北的游人大饱口福。

贵广线的终点站广州南站是一个大型现代化铁路客运站，是目前亚洲最大的火车站之一，广州南站建筑外观雄伟壮观，外形设计体现了"芭蕉叶"的意境，具有鲜明的岭南文化特色，成为展现广州历史神韵和现代气息结合的标志性建筑。

广州著名景点有中山纪念堂、五羊雕塑、白云山风景区、广州塔、黄埔军校等。行花街、喝早茶、赛龙舟、舞醒狮、唱粤剧等岭南风俗长盛不衰。岭南画派、岭南园林、骑楼建筑、广雕、广彩、广绣独树一帜，食在广州名闻天下。"六脉皆通海，青山半入城"，"山、水、城、田、海"是广州的自然生态格局。

3.3.高寒之车，哈大线

线路概况

2012 年 12 月 1 日，世界上第一条新建高寒铁路——哈大高铁正式通车运营。哈大高铁与既有的哈大普速铁路并行，途经辽宁、吉林、黑龙江三省，停靠营口、鞍山、沈阳、四平、长春、扶余、双城，哈尔滨车站，全长 903 公里，设计时速 350 公里，平均时速达 200 公里以上，将东北三省主要城市连为一体。

大东北的冬季寒冷而漫长，极端低温达到零下 40 度，一年平均有 40 天风速达到八级以上，最大积雪厚度达到 30 厘米，最大季节冻土深度达到 2 米。近千公里的哈大线上，首要解决的难题就是防冻。因此铁路部门联合多方科研力量、采取多重措施解决"极寒"这个"顽疾"。例如动车组经过的道岔设置融雪设施、牵引供电系统设接触网融冰装置、防灾监控系统设雪灾监控子系统、路基冻结深度范围内填筑非冻胀性填料等等。此外，在如此极端环境下，设备的可用性和可靠性与常温环境下测试不同。为了应对上述恶劣气侯环境，中车集团青岛四方机车车辆公司研制了型号 CRH2G 和型号 CRH5E 高速动车组。

CRH5 系列高速动车组，是中国第一代国产化动车组里面唯一对进口车型经过大幅改动的型号。正是由于其本土化程度高，中车的长客公司对其研究的更深和透彻。CRH2G 型和 CRH5E 型高速动车组采用整体设计思路，动车组的每个系统、每个部件都进行了系统分析和全面梳理，对结构、性能、材料进行了优化设计，实现了真正意义上的耐高寒和高海拔、防风沙、防高温、防强紫外线设计。为确保高寒动车组具备在零下 25 度时能够启动，在零下 40 度环境下可长期稳定运行，列车选用的金属、非金属材料全部进行零下 40 度低温特性测试，凡不满足要求的材料进行换型或选用低温型号。电子元件和电器部件选用达到零下 25 度启动、零下 40 度长期运行要求。为防止高寒环境下进排水管路、水箱、污物箱冻结，动车组采取了箱体保温隔热，加大外包防寒材料厚度，适当增加污物箱、水箱、给排水管路的伴热功率等措施。这是我国高速列车技术不断创新的结晶，也为世界高铁技术积累了有益的经验。

图17 哈大高铁线路图

沿途风景

哈大线的起点哈尔滨是祖国北部闪亮的明珠。每年冬天，冰城哈尔滨的松江畔都能迎来全国乃至世界的关注与期待。顶风冒雪连续作业的采冰人们、传统的采冰文化，无不在从容展示冰雪文化特有的魅力，与此同时最能引起高度聚焦的，当属太阳岛上一块六十万平方米的区域。早前清旷的地块在短短十五天内已经汇集了近万人，火热的豪情在冰天雪地上开始滋生。这个独一无二的场景，只属于冰上奇迹哈尔滨冰雪大世界的建设现场，没有人能够想象出这里正在发生的震撼场面，工程高峰期，约一万人集中在 60 万平方米施工作业。

冰雪大世界的建筑是施工与停留时间最短的建筑，也是独一无二的再难复制的建筑。有个词语叫"一期一会"，讲的是每一次际遇都不会重复，应当格外珍惜，并付出全部的心力。在短短半月内完成的冰雪城堡，从采冰到冰雪建筑、灯光布设、整体施工都精益求精、极尽苛求。拔地而起的冰雪建筑会在数月后消融，将美丽在瞬间定格为永恒。这一期一会的冰雪艺术精品，凝聚了无数参与者的匠心，只为给游客们带来最值得铭记的完美回忆。

哈大线的另一头同样是一座风景优美的旅游城市—大连。大连滨海路是一条风光极佳的沿海公路，滨海路全长 40 公里，贯穿 12 个主要景点，它像是一条飘逸的玉带，12 个景点就像是镶嵌在玉带上的 12 颗珍珠，是徒步与摄影胜地。大连有轨电车的历史始于 1909 年，并且大连市作为中国内地唯一的电车历史未曾中断过的城市。现在还保留有 201 路和 202 路两条有轨电车公交线，是大连市内的一道靓丽风景线，乘坐有轨电车不仅可代步，更是一种很有意思的体验。电车外形古朴，车厢内依然可见富有特色的木质内饰，有"红皮车"和"绿皮车"，慢悠悠地行驶于大连的中心城区，细细感受那种时光倒流般的情怀。

第三章　传奇人物

不同的人对铁路传奇人物有不同的理解，历任铁道部部长对铁路做出了重大的贡献，他们有众多的传奇故事；铁路有 200 多万工作在一线的员工，他们是幕后英雄，有值得歌颂的传奇故事。现在流行宣传自己是 80 后或者 00 后，时间倒推 100 年，让我们看看 100 年前各个阶段的铁路传奇人物。

1.40后陈宜禧——自力更生的民办铁路

1.1.从华工到侨领

1844年陈宜禧出生于广东省新宁县（今台山县）。他家境贫寒，只读过两年私塾便辍学务工，农忙时种地放牛，农闲时挑着货郎担走街串巷，叫卖针线、纽扣、绒线头绳之类的日用品。一次偶然的机缘，他遇到邻村回国探亲的华侨，这位华侨同情他的处境，愿意帮助他去美国谋生。在贵人的帮助下，陈宜禧的人生从此发生改变。

陈宜禧随同乡来到西雅图时还不到16岁，第一份工作是在一位铁路工程师家中帮佣。陈宜禧为人忠厚老实，工作吃苦耐劳，因而深得主人夫妇喜爱。白天工作之余夫人教他英文，晚上下班后到铁路夜校学习铁路知识，这段经历帮助他克服了语言的障碍，逐渐融入美国社会，更难能可贵的是积攒了丰富的铁路知识，为日后的成功打下基础。

1865 年，二十出头的陈宜禧，开始参加修筑美国中央太平洋铁路工作。1863 年动工的美国太平洋铁路，是世界上第一条跨洲铁路，也是第一条横贯北美大陆的铁路，上万华工漂洋过海到达美国西部，参与中央太平洋铁路的修建，是这条线路建设的主力军。由于陈宜禧的第一份工作为他积累了技能和语言上的优势，再加上他工作中兢兢业业，井井有条，没过几年时间，他很快从杂工升为管工，后又升职为工程师助理。

在工作经验和收入不断增长的同时，陈宜禧决定开始创业，作为合伙人，在西雅图开设公司，从事劳工经纪业务。当时在美华工工作环境恶劣，工作内容危险，工资还被雇主千方百计地压低。陈宜禧团结华工们一起与资本家作斗争，为华工争取利益。在西雅图发生的数次排华事件中,他出资请律师起诉雇主，为同胞获得数十万美元的赔偿。渐渐地陈宜禧在华侨中建立起威信，成为同胞们拥戴的侨领，被推举为西雅图中华商会终身名誉董事长。

1.2.从创业到爱国

1869 年连接美国东西部 3000 英里，使纽约到旧金山行程从数月缩短为一周的美国太平洋铁路建成，带动了沿途城市经济繁荣，为美国西部经济发展做出了巨大贡献。陈宜禧是这条铁路修建的参与者，切身地感受到媒体宣传的"没有太平洋铁路就没有现在的美国"的震撼。对此他受到鼓舞和启发，立志要学习这种模式，为祖国建筑铁路。

1904年，带着长达四十多年的美国铁路工作经验，陈宜禧回到家乡。看到当时中国的铁路由洋人建设和运营的现状，感慨到"愤尔时吾国路权，多握外人之手，乃不忖绵薄，倡筑宁路"，于是他提出了建筑新宁铁路的计划，这个计划得到了家乡人民的支持。同年六月新宁铁路筹备处成立，他亲自担任总经理并起草计划书。在计划书中他阐明建设新宁铁路的目的意义在于"勉图公益，振兴利权"，提出筹款办法的"三不"原则，即"不招洋股，不借洋款，不雇洋人，自筹自建新宁铁路"。次年，陈宜禧回到美国，将自己在西雅图的房产出售，作为新宁铁路建设的启动资金。之后他去美国各大城市演讲，发起"众筹"，邀请华侨投资建设家乡铁路。

陈宜禧的演讲，激发了旅外侨胞的爱国热情，他们愿意支持祖国的建设，纷纷出资出力，不到半年时间，就筹得股金共425万银圆，超出原计划4倍。美国媒体记录了陈宜禧的这次爱国行动，赞扬新宁的商人"能合群，能图公益，能挽回一邑之利权。"旧金山中文报纸《中西日报》发表社论《兴办新宁铁路之希望》写到："合廿二行省之铁路计之，利权皆操之外人，唯新宁铁路之利权，则完全无缺"。

1906 年新宁铁路公司正式成立，陈宜禧被推为总经理兼总工程师，工程正式进入实施阶段，然而筑路计划并非一帆风顺。

1.3.从理想到实践

新宁铁路在计划阶段就碰到了重重阻力。新宁知县扣压陈宜禧计划修建铁路的奏文，要求将新宁铁路定为县官管理，试图掌握铁路的管理权，从中牟利。为此，陈宜禧到商部申诉。商部署右丞王清穆到广东考察，接见了陈宜禧，认为他对国家的忠爱之忱，溢于言表，对陈宜禧的行动表示支持，才让筹筑行动得以继续执行。

筑路工程实施以后，矛盾和阻力接踵而来。铁路经过之处，不断有地方封建势力的阻挠。按照原定计划，首期工程为斗山至新昌，但由于新昌到水步一带，多为新昌甄姓的产业，甄姓村民借口"轨道车头有碍水利祠墓，具禀县善后局，请饬移设。"企图敲诈一笔巨额赔款，铁路公司未作让步，搁置此段工程，最后修改线路设计。另外一些乡民认为铁路通过有损"龙脉"，竟要求铁路弯曲绕过。更有甚者，认为火车经过会五谷不生。《新宁铁路志》中记载，工程开工后，"所过通都大邑，名乡钜村，以至小里落，各姓各族，鲜不恃其龙蟠虎踞之雄，严其彼疆此界之限，或迷风水而起反抗者有之，或恃强权而起反抗者有之，或闹意见借事生端而起反抗者又有之。工程所至，风潮斯起，绕二百二十一里间，动辄负隅以相抗者，前后不下百数十处计。"

　　困难和阻挠没有让陈宜禧灰心，每当需要与当地居民协调时，他往往亲自前去，进行科学宣传解释，并坚持以理服人，当相持不下时，便绕路而行。筑路的时候，陈宜禧经常到工地指导工人工作，并亲自动手和工人并肩干活。在工作中，他常常向工人介绍美国太平洋铁路的情况，鼓励大家建设好铁路，振兴家乡。

　　新宁铁路1906年5月1日破土动工，到1920年3月20日全线贯通，工程分三期完成。第一期工程是公益至斗山段，依靠当地的技术和工人，经过三年的施工，在1909年3月21日完成长59.3公里的线路修建。建成后，清廷派商部官员胡朝栋查验铁路，查验报告指出"铁路各车站点缀完美，形势整齐，水塔、车厂等设备都很理想，尤其是煤仓之建设与装卸火车用煤方法，不费人力，堪称先进；涵洞、管道、桥梁之架设，亦甚得法。"铁路通车后，在海外引起强烈反响。美国《西雅图星期日报》用整版篇幅刊登陈宜禧修建新宁铁路的宣传画，标题为《陈宜禧——中国的詹姆斯·希尔》，文章中写到"一条具有划时代意义的铁路正在广州西南兴建，它用中国人的资本，中国人的劳力和智慧，这就是新宁铁路。"同时，清廷聘请陈宜禧为农工商部四等顾问，尊称为资政大夫，官阶由正三品晋升至正二品，陈宜禧获得了当时全国铁路界最高的政治地位和社会地位。

第二期工程，公益至江门北街，1910 年 1 月 21 日动工，1913 年 4 月 26 日通车，全长 50.577 公里；第三期工程，台城至白沙，1917 年 2 月 1 日动工，1920 年 3 月 20 日通车，全长 28.496 公里。新宁铁路总长度为 133 公里，建有车站 47 个；干线桥梁 45 座，支线木桥 8 座，涵洞 129 座。这铁路的铁轨、枕木、铁板由美国进口；火车头、火车厢由德国制造，除此之外，全部由华人计划与建筑。这是仅次于 1906 年 10 月筑成的潮汕铁路的全国第二条商办铁路，是运用自己的资金和技术建成，为我国自力更生建筑铁路写下了光辉的篇章！

1.4.从学习到创新

在技术层面上，新宁铁路在中国铁路史上有两个首创。

一个是斗山站的转车盘。蒸汽机车掉头，原本需要修建大半径线路绕圈转向。而使用停车盘，让机车停靠在上面，转车盘原地旋转 180 度，省去机车掉头的占地和线路的修建；另一个是在新会牛湾，列车通过潭江，采用轮渡载送，两岸通过一条钢丝连接，用绞车绞船运载列车跨过 400 多米的河面。为此，陈宜禧在香港定制一艘长 105.57 米的铁船，船上铺设三条轨道，每次能载一列五节长的列车。这是中国第一条使用火车渡轮的铁路，这是当时中国唯一的火车渡江奇观，它比琼州海峡火车渡轮足足早了 90 年。

抗日战争开始后，日本飞机对新宁铁路进行了几十次野蛮的轰炸，许多重要设施被炸毁。1938 年 12 月 12 日，第四路军江门办事处主任徐景唐，命令新会、台山两县政府破坏新宁铁路。从此，盛极一时的新宁铁路不复存在。然而，巴金先生在 1933 年 6 月 6 日乘坐新宁铁路火车，从会城去公益访问新宁铁路工人子弟学校校长黎健民后，写了散文《机器的诗》，使新宁铁路在中国文学宝库中得到永生。

新宁铁路是第一条用中国人的资金、中国人的技术修建的民营铁路，它的伟大历史意义，正如陈宜禧先生所说，是"以中国人之资本，筑中国人之铁路；以中国人之学力，建中国人之工程；以中国人之力量，创中国史之奇功！"纵观陈宜禧先生的一生，是一位为建设家乡而奋斗终生的爱国者，是生命不息、奋斗不止的铮铮铁汉。他心中铁路救国、铁路建国和铁路强国的精神，激励着一代代铁路人前行。

2.60后詹天佑——小学课本里的故事

2.1.志存高远，年幼留洋

詹天佑，字达朝，号眷诚，1861年出生于广东南海市。詹天佑从小对机械十分感兴趣，常和邻里孩子一起，用泥土制做各种机器模型。有时乘家人不在,他偷偷地把自鸣钟拆开又装上,琢磨它内部工作原理,小齿轮、发条和螺丝刀是他儿时最喜爱的玩具。

1872年清政府派出了首批官派赴美留学幼童，詹天佑应考被录取。12岁的詹天佑和第一批幼童30人，拖着长辫子，身着长袍马褂，越过大洋登上旧金山码头，传奇就此开始。1878年，詹天佑以优异的成绩高中毕业，顺利考上耶鲁大学。在选择专业时，他想起了初来美国搭乘火车从旧金山前往纽约的场景。那是詹天佑和同学们第一次见到火车，他们这样描绘着眼前喷云吐雾的钢铁巨兽："火车，其下两面，用相思缝铁条。中垫以木，度距尺横一木。车轮相辅铁条而行。转弯外形如叉。前后有铁钩，可层层以接。车头尾设火炉二，有水柜二。一舱大如蒲鞋船，中间行走之处约尺余。设对面座，长六尺，阔如一人榻"。在他日后的求学岁月中时常回忆起这个画面，最后指引了他选择了土木工程系铁路专业。

　　大学的学习和生活更加自由和开放，但他没有忘记自己使命，一刻也不敢懈怠，如饥似渴地学习着各门学科的基础知识，期间数次获得奖学金，并通过实地调查完成了《码头起重机研究》的毕业论文，顺利毕业。自此远渡重洋身居异邦的留学生涯告一段落，他已经做好准备将所学的科学技术用来建设祖国。

2.2.学贯中西，报效祖国

　　回国后，由于各条铁路的建设和运营由洋人把持，詹天佑并没有能立刻投入专业相关的工作中。他被派送到福建马尾船政学堂学习驾驶，后调到广州黄埔水师学堂当起英文教员，终于在1888年有了转机，经留美同学邝孙谋推荐，转入中国铁路公司任见习工程师，干起了自己的老本行。从此詹天佑把他的毕生精力和才能，毫无保留地奉献给了祖国的铁路建设事业，在各城市从事铁路建设工作，前后共计32年之久。

标准先行

詹天佑在参加工作之初就意识到，要把全国的铁路连线成网，实现四通八达，畅行无阻，就必须制定统一的标准。中国现在仍然使用的 1.435 米国际标准轨距、机车车辆连接仍广泛采用自动车钩（詹氏自动挂钩，由詹天佑在美国所学技术基础上改进而成）等等都是出自詹天佑的提议。这些标准化措施，保证了中国铁路网的高效运营。

在修建京张铁路时，詹天佑在工作之余主持编制了《京张铁路标准图》。这是我国第一套铁路工程标准图，包括京张铁路桥涵、轨道、线路、山洞等 49 项标准，在京张铁路工程建设和运营管理中发挥了重要作用，也为后来的线路建设提供了参考。

人才建设

此外詹天佑非常重视铁路人才的培训，他认为"中国正在觉醒，已感到需要铁路。几乎在中国各地，现在都需要中国工程师，用本国的资金，修筑中国自己的铁路。"在京张铁路修筑之初他便制订各级工程师和学员的工资标准与绩效考核挂钩，这在当时无疑是具有先进性和革命性的，到今天各大公司仍然使用类似的考核制度激励员工的工作热情。他对这些工程技术人员既严格要求，又言传身教，放手大胆地让他们挑起重担，这些工程技术人员在实践中进步，在解决一个又一个难题的过程中成长，京张铁路建成后，通过建设该路而培养和造就的工程技术人员先后被派往其他铁路建设工地，成为支撑全国铁路建设的重要技术力量，所以说京张铁路是詹天佑打造的中国最早的集中锻炼、培养铁路工程师的摇篮。

2.3.京张铁路，震惊中外

小学语文第十二册，至今仍保留着一篇课文《詹天佑》。也许在它的影响下，每当提起这个熟悉的名字，人们自然会想到著名的京张铁路。

1906年4月30日，北京第一列满载货物的火车自丰台出发，经西直门火车站，一路向北抵昌平南口，向世界宣告中国自行修建的第一条干线铁路正式开通。时间回到20世纪初，晚清政府积贫积弱，西方列强借机以为中国人无法胜任复杂工程，向清廷索要高价及一系列附加条件。此线路最初计划由英国人负责建设，但是俄国向清政府提出抗议，声称在长城外修筑任何铁路都涉及所谓俄国势力范围。实际上英俄两国都企图从修建京张铁路中获利，双方相持不下，最后妥协为使用中国的经费和人才筑路，英俄方不加干涉。为此，清政府在天津设立京张铁路局，詹天佑成为会办兼总工程师，主持设计和修建此路段。詹天佑为维护国家利益，为在列强面前争气，毅然承担起这个任务。

北京至张家口，距离约 200 公里。其中，北京至南口段以及八达岭至张家口段地势都相对较为平缓，唯有自南口向北进入燕山山脉的军都山后，一直到今天的八达岭站一带，岭高坡陡、地势险要。穿越八达岭，是整条线路工程施工的难点与关键。如果选线不慎，铁路建成后火车通过能力低，将严重影响运力。为此，在全线初测完成后，詹天佑在返京时又进行了复测，经过反复勘测与比较，詹天佑最终认定南口关沟段是最好的路线。在总的线路走向确定后，詹天佑对其中关键部分的线路仍不厌其烦地进行勘测比较，力图寻找最省时、省力、省料的理想通道。他骑毛驴穿行在崇山峻岭中，只带两个助手，在八达岭的崇山峻岭中飞檐走壁，完成勘探，形成了大量第一手调研资料。

针对八达岭一带地势陡险、坡度大的难题，詹天佑依山腰作"之"字形线路。去往张家口方向的列车，采用两台大马力机车，一个前拉一个后推，到达青龙桥站"之"字形线路后，列车换个方向，后推机车改为牵引，前拉机车改为后推，再扳好道岔，列车就可以拉着重重的货物，向着山上爬坡前行。这样做，既可有效降低线路的坡度，又可缩短拟开挖的八达岭隧道的长度，缩短工期、节省经费。

地处燕山深处八达岭长城脚下的青龙桥火车站，是一座见证了中国铁路百年发展的车站，也是整条京张铁路精华所在。青龙桥车站旁即全长 1091 米的八达岭隧道，在当时完全没有新式开山机、抽水机和通风设备的困难情况下，为了如期打通八达岭隧道，詹天佑决定，除隧道两端的两个作业面外，又在山顶打了两个竖井，向下挖掘到一定程度后，分别向两端开挖。这样，作业面一下子达到了 6 个，由于工作周密细致，中心线和坡度没有丝毫差错，仅用 18 个月就开凿建成我国铁路史上第一个超千米的隧道。

当时有经验的工程技术人员不多，又无现代化设备，这些成就更显非凡。成功修筑这样一条工程难度世界罕见的铁路，不仅体现了中国工程师的专业素质，而且彰显了他们不畏艰险、迎难而上的勇气和毅力，京张铁路的建成是中国人民的胜利与光荣。

2.4.京张高铁，新的辉煌

老京张线，是中国人在积贫积弱中奋起，自主勘测、设计、施工的铁路。新京张线，也就是京张高铁，在老京张线建成 110 周年的 2019 年实现全线通车。京张高铁建成后将使两地通行时间由 3 个多小时缩短到 1 小时，是助力 2022 年冬奥会成功举办的重要交通基础保障设施。

京张高铁从北京北站出发，途经北京市海淀、昌平、延庆，河北省怀来、下花园、宣化等区县，西迄张家口南站，正线全长 174 公里，其中北京境内 70 公里，河北境内 104 公里。京张高铁全线重点工程为"一桥三站三隧"。

"一桥"即官厅水库特大桥,大桥全长 9.08 公里,主桥采用 8 孔 110 米拱形钢桁梁。由于地处张家口进北京风口区和官厅水库水资源保护区,因此风力大、温度低,长达 4 个月的冰冻期和最大达一米的冻结深度,使得项目有效施工时间短、施工难度大、环保要求高。为了最大限度地保护水体,设计采用岸上拼装,再从北岸向南岸顶推就位的施工方法。大桥建成后与湖面交相辉映,成为一道亮丽的风景线。

"三站"即八达岭长城站、清河站和张家口南站。其中八达岭长城站位于新八达岭隧道内,拥有多个全国之最。规模最大的暗挖地下车站,车站最大埋深 102 米;最复杂的暗挖洞群车站,车站主洞数量多,洞型多样,站内设计各类洞室 78 个,断面形式 88 种,交叉节点密集,结构复杂;离地距离最远的高铁地下车站,旅客乘坐电梯垂直高度达 62 米。

"三隧"即新八达岭隧道、清华园隧道和正盘台隧道。新八达岭隧道,全长约 12 公里,地处八达岭核心景区。隧道两次下穿八达岭长城,一次并行水关长城,一处浅埋下穿青龙桥车站。八达岭隧道洞内为双块式轨枕道床,是目前单拱跨度最大的暗挖铁路隧道。清华园隧道全长约 6 公里,并行地铁 13 号线,穿越 4 处地铁、7 处主要城市道路及 88 条重要市政管线,是目前国内穿越地层最复杂、穿越重要建构筑物最多的国铁单洞双线大直径盾构高风险隧道。正盘台隧道进口位于张家口市宣化区，出口位于张家口市赤城县，全长约 13 公里，是京张高铁及崇礼铁路全线最长隧道。隧道地质条件复杂，涌水量大，安全风险高，同时要考虑隧道下穿古长城，保护古长城结构，防止水土流失。

百年的传承，新的辉煌。今日的京张高铁，既是 100 多年前京张铁路中国人奋发图强精神的传承，也是在传承上的创新与辉煌。风驰电掣的高铁，承载的是国人百年的期待，更是中国人民自强不息、爱国奉献民族精神的传承。

3.80后曾鲲化——铁路管理学校鼻祖

3.1.一波三折，情定铁路

曾鲲化，字抟久，湖南省新化县人。曾鲲化出身贫寒，家里没有能力供他上学，但他勤奋好学，每天放牛间歇，便到私塾窗外偷偷听先生讲课。久而久之，私塾的先生开始留意起这个每天牵牛来蹭课的儿童。有一次课间休息时间，先生过来询问这个儿童，想考考他听了这么久的课，学习到了什么内容，没想到这个放牛娃的知识积累，超过了在课堂里天天上课做笔记的同龄儿童，于是免费收其为弟子，进入课堂学习。

曾鲲化12岁时参加了新化县的童子试，这次考试他发挥优异，在所有考生中脱颖而出，力拔头筹，一下子成了县城里的名人。19岁时曾鲲化又通过考试获得官费留学日本的资格，所学专业为当时最热门的军事技术。然而在日本留学期间，一本书改变了他的人生规划，让他从一个革命者转变为了一个建设者。这本书就是狂妄自大的日本人所著的《支那铁路分割案》，这本书的作者直言不讳写到要把铁路作为侵华工具，肢解中国为其殖民地。民族的荣辱感，振兴中华铁路事业的使命感，促使他改学铁路，考入日本当时最好的铁路院校——岩仓铁道学院，专攻铁路运营和管理专业。

3.2.摸清家底，对症下药

1906 年 24 岁的曾鲲化学成回国，任职于交通和通讯邮传部，上任后他做的第一件事情就是要摸清家底，为此他用了三个月时间，走遍全国，沿着铁路线站站考察，最终形成了一份详细的考察报告，史称"丙午调查"。

这次调查的范围包括全国 14 条在建和运营的铁路，由于当时的清政府摇摇欲坠，铁路官员政治腐败，管理非常混乱，权属也五花八门，14 条铁路由 7 个国家混乱地管理和经营着。例如当时的京汉铁路由法国人运营，铁路没有中文时刻表，没有管理和收费的规章制度，造成线路收费不合理，管理人员利用漏洞贪污公款，运营效率低下，甚至不可思议的是，每经过线路上的一站，乘务人员就要对所有旅客再次进行检票。另外在众多外国人经营的铁路线路上，对国人非常歧视，尤其是南满铁路。日俄战争后，俄国人将长春以南到大连的铁路交给日本人经营，南满铁路正如曾鲲化在日留学时读过的那本令人气愤的书中所写，正在利用铁路分割中国，南满铁路株式会成为了统治中国东北的第二政府。

丙午调查后，曾鲲化将所见所闻总结形成《中国铁路现势通论》一书。他在此书中最早提出了中国铁路系统的管理思想。他认为"管理权为铁路之命脉，权在我，则人为我用；权归人，则我用于人"。主张政府必须培养铁路专门人才，掌握铁路主权。1908年他上书邮传部，提议创办铁路管理学校。曾鲲化所拟《上邮传部创办铁路管理学堂书》这篇充满真知灼见的文章，对管理理论和倡导创办铁路管理学校进行了精辟和深刻地阐述，这对中国铁路管理学校的诞生起了至关重要的作用。曾鲲化的上书，最终促成了北京铁路管理传习所的创建，就是现在北京交通大学的前身，北京交通大学经过100多年的发展，为铁路输送了大量的管理和技术人才。

3.3.创立学校，知行合一

在学校创立以后，曾鲲化投入到学校的建设和教学工作中。在交通大学授课的过程中，他将授课材料总结成书《交通文学》，同时在业余时间开始编写《中国铁路史》，书中从我国第一条铁路开始，理清楚整个铁路的机构、管理和规章，他是中国铁路历史编写的第一代人。

除了教书育人外，在革命期间，曾鲲化协助孙中山策划《建国方略》中的陆海空交通计划专题。他提出的大中华铁路方案，获得了孙中山的高度认可。

曾鲲化是一个伟大的爱国者，是一位身体力行的铁路实业救国的执行者。他坐言起行，知行合一，是中国铁路史上的光辉典范。

4.00后金士宣——铁路运输创始人

4.1.漂洋过海，求学名校

金士宣，字子和，1900 年出生于浙江省东阳县。中学时受孙中山"今日之世界，非铁道无以立国"思想的影响，报考交通部铁路管理学校，成绩名列前茅。入学之后，他更刻苦学习，1923 年，以总分第一名的优异成绩毕业。

在本科学习时，他所学专业课书籍为国外教材，他认为"各交通学校不得不采用外国原本教科书，甚不适合本国铁路情形"，不能结合当时国情的教材严重影响了教学质量，于是他在学习之余，发奋编撰并于大学毕业时出版了《铁路运输学》。该书以精炼的语言论述了铁路运输组织原理、规章制度及作业组织方法，条理清晰，深入浅出，切合实用，受到各界的赞许。当时的北京大学校长蔡元培先生为之题写书名。这是我国第一部铁路运输管理学的专著，然而这本书毕竟是学生时代的作品，缺少实践经验的指导，他在参加工作后，根据铁路管理各部门发展情况，对教材进行了全面修订，并于1948年由商务印书馆重新出版。书中对铁路的性质作用、发展过程、技术设备、运输能力、机车车辆运用、客货运输业务、运输经济、组织管理、宏观决策等基本问题进行了全面的论述。在当时是一部很实用的启蒙性教学参考书，于今日仍不失为了解我国铁路以往管理方法和经验的权威性专著。

毕业当年，由于品学兼优，金士宣被交通部公派赴美深造，就读于宾夕法尼亚大学，仅仅用了四年时间就获得硕士和博士学位，这在当时也创造了最快获得硕博学位的记录。

4.2.学以致用，救火队长

满载而归的金士宣，选择从基层站段工作开始。他的第一站是上海北站，任站务稽查。充满开拓进取精神的金士宣，在第一个工作岗位上初露锋芒，亲密地和工人接触，虚心求教，在半年多时间里便积累了丰富的行车经验。"过了半年多，路局把我调到无锡作沪宁路中段货物稽查，这让我和社会工商界发生了直接接触，有了获得更多实际经验的机会"，在任无锡站货运稽查时，他通过调查研究了解了国内交通方面的许多实际状况，对运输部门的组织系统和人事管理进行了一系列改革，显著地增加了运输能力，提高了工作效率。

1929年4月金士宣被调往北宁路任车务处科长，执掌文书档案、人事考核、机构设置等事宜。在北宁铁路任职期间，金士宣居住在天津，但为了全面掌握北宁铁路全线的实际情况，他亲自到东北铁路和港口开展调查研究，并参与东北三省自办的东四线和西四线的客货联运会议，提出把国营铁路和省营铁路，以及水路运输连接起来，发挥联合优势。在工作之余他还出版了两本论文集，以期望更多的人来关注铁路运输事业。

1932年8月金士宣受邀到新建成的杭江铁路工作。杭江线乃商办铁路，工资待遇比国营的北宁铁路差很多，但是考虑到新建铁路可以发挥自己的管理理念，更能为家乡服务，给东阳地区的父老乡亲带来交通上的便利，他便接受了这次降薪转岗，欣然前往。在这里金士宣大展拳脚，结合自己在国内外读书期间所学知识和前三年的实际工作经验，制定了三条管理措施：首先，制定完善的规章制度，保证以铁路运输为核心；其次，他认为"铁路各部门工作，多需专门技术或经验，尤须经过长期的训练、融会贯通，始能彼此配合、发挥运输之最大效能"。"非用专门人才，业务发达，决不可期"。故应"各项用人，一本人才主义，凡进用者，概以学识经验资格为权衡。期在征求实学，发展业务"。因此，他特别重视铁路管理人才的培养与训练工作。对铁路员工实行公开招考择优录取，设立车务、机务人员培训所，组织岗前培训，严格训练，提高业务素质；最后，因地制宜，组织客货运输，开拓货运范围。在家乡工作正值他而立之年，精力旺盛，勇于任事，赏罚公正，尽职尽责，满怀爱国爱乡的热情，为客货运输创造便利条件，促进了家乡的经济发展。

彼时，与杭江铁路业务蒸蒸日上形成鲜明反差的是平绥铁路。因连年遭受军阀战争之害，该路机车车辆缺乏，营业不振，入不敷出，路政困难，人心涣散。1934 年 2 月，原铁道部调金士宣任平绥路车务处长。金到任后，依然从调查研究入手，立即着手了解平绥铁路的运营状况，并得出结论："路政不举的原因在于'疏于管理，散漫懈怠'，职工办事积极性不强"。针对问题症结所在，除设法收回军队扣车及加强机车车辆修理工作外，在运输组织上采取了集中调度、整列配车、改善信号通信装备、增加通过能力、缩短停留时间、改革客货运输组织等措施。这些改革措施使得运输效能提升，营业收入增加。

整顿平绥初见成效，1935 年 10 月，金士宣又被调往津浦路任车务处长以解决货物积压、运输不畅问题。他的改革思路依然与之前一致，针对线路的实际运营情况采取必要措施。他全面分析了津浦路沿线的经济与运输状况，查明运输不畅的主要原因是调度不力。通过合理配置调度人员、改进配车方法、开行定期货车和煤运专列以加速货物输送，缩短客车行驶时间，开设铁路旅馆和发展旅游以改进客运工作，很快就解决了运输不畅问题。

1936 年 10 月，粤汉路接连发生行车重大事故急需整顿，金士宣临危受命，赶赴粤汉铁路任运输处处长，主管车务和机务工作。针对粤汉路设备简陋、人事复杂、管理不善等情况，他采取了调整运输系统组织机构和干部职责分工、颁发行车规章、严肃作业纪律、开办整列粮运等措施以增进行车安全、加强运输能力，铁路很快得以疏通。

金士宣是无党派人士，能在当时党派林立的铁路系统履任要职，正是由于他工作严谨认真，一丝不苟又公正廉洁，以身作则，因此受到业内同行的敬畏。

4.3. 教书育人，桃李天下

新中国成立后，金士宣受邀回到母校工作，1950 年 9 月，毛主席同时签发了茅以升和金士宣分别担任北方交通大学正、副校长的委任书。他负责协助茅以升校长主持校务，多方奔走，延请专家学者来校任教，购置图书仪器充实教学设备，聘请苏联专家来华讲学，提高教学水平。金士宣还负责运输系教学、科研，指导研究生和交通运输问题咨询工作。在交通运输系他主讲的课程包括《铁路运输学》、《铁路运输计划》、《铁路行车组织》等。教学的过程倾注了他全部的心血，无论是备课、写讲义、讲课，还是带领实习、指导毕业设计、指导研究生，对于每一个教学环节都一丝不苟，认真对待。他不仅充分运用了以往在国内七条铁路线上的工作经验和留美时学到的知识，还积极翻译苏联教材，吸取其长处，将三者融为一体，传授给学生。通过多年的教学实践，他为我国铁路运输工程专业的理论化、系统化和现代化做出了贡献。1956年被评为国家一级教授。

1962年以后，金士宣重点研究中国铁路发展史。研究和整理铁路史是一件十分有意义又十分繁杂的工作。长期以来，我国学者对路史的研究，一般多侧重于档案资料之汇集或结合政治背景进行综述，而对于各条铁路修建与运营之具体情况，则语焉不详。编纂一部系统而完整的路史，实属必要。金士宣早年即从事路史研究，亲身参加过多条铁路的修建与运营工作，积累了许多第一手材料，此外，他还注意收集有关我国铁路建筑与运营历史变迁等重要文献资料。金士宣于20世纪60年代初开始从事旧中国铁路史研究，撰写过专题论文，并于1965年完成初稿。该书于1979年初以征求意见稿的方式，在北方交通大学学报上发表。而后，在广泛收集资料，深入调查研究，认真听取意见的基础上，又经历三载春秋的辛勤笔耕，一本系统而完整论述旧中国铁路历史发展过程的史书终于在1986年出版问世。《中国铁路发展史》从叙述筹建我国第一条铁路——吴淞铁路开始，直到新中国成立前1949年铁路发展。书中跨越了几个历史时期，情况复杂，头绪繁多，以丰富而翔实的历史资料，阐明了旧中国铁路从无到有，艰难曲折，忍辱负重的发展过程。全书结构严谨，内容全面，观点鲜明，叙议兼顾。是金士宣长期研究旧中国铁路发展历程的丰硕成果，也是他留给后人借鉴历史，温故知新的知识财富。

4.4.脚踏实地，高瞻远瞩

金士宣认为中国铁路建设应是国营与省营并举，"建筑铁路计划，若待中央政府通盘筹划，一一见诸实施，决非短时期可望办到，不若提倡由各省政府，就其省区交通需要，拟定路线，请命中央，准由地方筹款经营，期与国有铁路，同时并进。凡全国干线及国防边疆线，应由中央政府从速建筑，其各省路线得由中央给予经费与技术之扶助，由各省分别办理。中央与各省通力合作，才可打开中国之铁路建设，逐渐完成中山先生十万英里铁道之计划"。

在中国高铁时代，由于单里程造价昂贵，中国铁路总公司采取的正是这种方式筹集建设资金。以山东省为例，自 2009 年开工的德龙烟铁路由山东省与原铁道部共同出资建设以来，这一模式一直主导山东铁路建设。除省部共建模式外，省内还存在"省市共建"或"地市独建"模式，甚至大型企业也一度成为铁路的投资主体。按照原铁道部与山东省达成的铁路建设资本金筹措方案，"省部共建"具体模式为：铁路建设的资本金部分由部、省双方分七三开，其中山东省出资部分，再由省、市两级政府按 65% 和 35% 的比例筹集。之后的省部共建铁路项目中，山东地方层面筹资方式更加多元化，不少"金主"是城市政府或地方大型企业。2012 年 11 月通车的枣临铁路总投资，采用原铁道部控股与地方政府、企业合资建设的模式。在持股比例上，原铁道部占 70%、日照港占 3%、枣庄市政府占 2%、临沂市政府占 1%，剩下 24% 由企业持股。这种模式下，地方政府期望线路能够修到自己家门口，就承担了征地拆迁等工作，高铁修建资金不足的问题也从根本上得到了扭转。

1988 年 3 月金士宣发表文章《大力发展全国水陆空货物联合运输》，阐述水陆空之联运的主张。"我们的祖国是大陆大国，面积辽阔，土地肥沃，南北海岸线绵长，可供航运的东西方向江河又多，具有全国范围的长距离水陆空联合运输的优越条件，以及可以大力发展使用的巨大运输潜力。""铁路运量大，速度快，终年可以日夜运行，是长途重体货物的最有利的运输工具；轮船是江海大量重质货物运输的最有利工具；汽车是公路短途门到门的货物运输工具；飞机是长途轻质货物快速运输的最有利工具；管理便于流体货物运输使用"；"为了进一步挖掘和提高各种运输方式的潜力，实行货物联运，减免在中途交接站重复托运和交付运费，做到一票到达目的地"，"今后的主要任务，必须加强路网建设，增修新线，为了应急，可将发往华东地区的煤炭，尽量利用长江及沿海航线组织铁水联运，为此应从速修建沿江沿海铁水联运煤炭专用码头"。这一举措的实施获得了巨大的经济效果，直至今日仍被视为解决北煤南运问题的主要战略对策。而如今快递运送范围覆盖全球，也正是得力于水陆空运输协同作业。

金士宣是铁路运输专家，铁路运输教育家，中国铁路运输学科的首创者和奠基人。正如金士宣在《自述》中所写，"余愿竭力避免自私，而多为公家着想；愿责己严，而待人宽。虽不能谓已做到公而忘私、国而忘家的地步，至少此种思想时刻围绕于脑海中，而使我景行行业也。"他毕生致力于发展我国铁路运输事业，在改进和完善适合我国国情的铁路运输管理机制方面进行了开拓工作；长期从事铁路运输的专业教育和科学研究，培育了大批铁路运输管理专家和科学技术人才；在铁路运输管理理论和中国铁路发展史的研究方面做出了杰出贡献。

第四章　参考文献

[1] 徐飞.中国高铁的全球战略价值.人民论坛学术前沿.2016年02期.

[2] 何尚.世界铁路发展的第三次浪潮.中国报道.2010年12期.

[3] 盛光祖. 正在阔步前行的中国高铁.求是.2014年19期.

[4] 邓石华. 辉煌十年逐梦高铁.中车株所.2018年第548期.

[5] 傅志寰.我国铁路提速工程的哲学思考.浙江大学学报.2007年03期.

[6] 马莹.中国高铁技术创新中的合作与竞争.上海大学社会学博士论文.2017.

[7] 周浩,郑筱婷.世界经济.交通基础设施质量与经济增长.2012年01期.

[8] 魏瑜自.关于我国铁路六次大提速的若干思考.综合运输.2007年05期.

[9] 高铁见闻.大国速度:中国高铁崛起之路.湖南科学技术出

版社.

[10] 徐飞.中国高铁"走出去"的十大挑战与战略对策.人民论坛学术前沿.

[11] 参考消息.六大经济走廊成"一带一路"骨架.

[12] 许一力.中国高铁走出去背后的绝对较量.

[13] 前沿观察.铁道部12306用户体验差却半年做到全球排名260,堪称史上最牛电商.

[14] 崔杰,张贾雅雯,余吉安.中国与"一带一路"国家铁路建设合作策略研究.国际经济合作.

[15] 马乐.中日高铁项目竞争综述.东北师范大学硕士论文.

[16] 李琪.高铁走出去PPP项目风险分担与利益分配研究.西南交通大学硕士论文.

[17] 宋微.海外高铁项目的风险评估与应对策略.中国国情国力.

[18] 陈茗芳.中国铁路装备对外出口的现状、问题与升级途径.对外经贸实务.

[19] 大公网.台媒揭大陆高铁在泰国败给日本真相:贷款不够优惠.

[20] 凤凰网博客.惊蛰:东南亚高铁争夺战,中日谁胜一筹?

[21] 肖楠,吴卫平.我国金融机构支持高铁"走出去"策略研究.铁道经济研究.

[22] 环球网.中国高铁尚未真正走出去,欲与多国展开合作.

[23] 环球网.中国高铁版图再扩容,疏通"一带一路"血脉经络.

[24] 张淳,田欣.语言文化交流是实施"一带一路"倡议的"助推器.湖北社会科学.

[25] 张先军."一带一路"倡议下中国高铁"走出去"的风险和挑战.华南理工大学学报(社会科学版).

[26] 新浪博客.日本从中作梗,中缅铁路受影响.

[27] 华璐.企业家日报.中国高铁走出去的四大难题.

[28] MSN中文网.德国将大规模进口中国高铁,称质量已今非昔比..

[29] 张燕生."一带一路"建设有利于世界和谐发展.中国经济周刊.

[30] 陈喆.中国高铁"走出去"的关键影响因素分析与对策.天津大学硕士论文.

[31] 人民网.中国高铁加速驶向全球市场.

[32] 佟立本.铁道概论第六章.中国铁道出版社.

[33] 铁道部劳动和卫生司,铁道部运输局.高速铁路通信网管岗位.中国铁道出版社.

[34] 李凯.高速铁路列车运行控制技术CTCS2级列车运行控制系统.中国铁道出版社.2017.2.

[35] 李宏伟.高速铁路无线闭塞中心(RBC)核心单元的研究与设计.兰州交通大学.2010年02期.

[36] 钟章队.铁路数字移动通信系统（GSM-R）应用基础理论.清

华大学出版社, 北京交通大学出版社. 2009. 6.

[37] 王正祥, 梁建平, 张文启, 王喜波. 建筑. 三秦大地铸丰碑, 中铁十二局集团建安公司西安北站施工纪实.

[38] 参考消息. 美媒: 中日争夺亚洲高铁项目, 中国提供资金更积极.

[39] 京沪高铁全线通车, 构建中国经济跨越式提升的"脊梁".

[40] 证券之星. 掀开"中国高铁出海"面纱: 底气何在, 如何布局?

[41] 参考消息. 中日高铁海外PK中国否认主动放弃泰国高铁.

[42] MSN中文网. 高铁效应预热沿线城市地产, 楼盘争打高铁牌.

[43] 网易新闻中心. 京沪高铁为沿线城市带来经济效应.

[44] 刘晶晶, 王春明. 颗颗"明珠"耀京沪. 首都建设报.

[45] 王涛, 张群仓. 丝绸之路旅游年, 宁夏旅游加速跑. 中国旅游报.

[46] 李冰漪. 推进大通关, 促进大发展. 中国储运.

[47] 铁道运输与经济. "丝路驿站—宁夏号"列车首发.

[48] 石运金. 雄安: 千年大计未来之城. 股市动态分析.

[49] 李宜达. 雄安新区建立的战略思考. 江南论坛.

[50] 人民网. 银川铁路部门创新举措助推宁夏旅游发展.

[51] 天涯博客. 2015年宁夏旅游10大"关键词"回顾发展历程.

[52] 杨颖. 战国时期楚漆器中凤鸟形象的审美价值. 武汉纺织大学硕士论文.

[53] 刘赉,杨树林,陈永岗.觉解锦州满族民间刺绣的视觉审美意向.辽宁工业大学学报(社会科学版).

[54] 师宗.生态文化之旅,休闲养生之地.云南经济日报.

[55] 文玲.西宁旅游营销合作共赢带旺市场.西宁晚报.

[56] 蔚琼.说双关.佳木斯教育学院学报.

[57] 王涛,张群仓.丝绸之路旅游年,宁夏旅游加速跑.中国旅游报.

[58] 葛清芝.怀念过去抑或张望未来.河南大学硕士论文.

[59] 康江龙.哈齐客运专线CTC调度指挥系统.西安电子科技大学.2015.

[60] 张友兵.自主化CTCS-3级列控车载设备的主要功能特点.铁路通信信号工程技术.2018年02期.

[61] 张树.北斗卫星导航系统在青藏铁路列车定位中的应用研究.中国铁道科学研究院硕士论文.2017.

[62] 张宇阳.基于北斗/SINS融合的列车定位方法研究.北京交通大学硕士论文.2016.

[63] 代彪.基于北斗/GPS的列车监控系统定位终端设计与实现.湖南大学硕士论文.2017.

[64] 国家电网.高铁用的电是什么电.

[65] 杨中平.漫画高速列车.中国铁道出版社.

[66] 经济半小时.春运进行时,走进高铁幕后人.2017.1.

[67] 陈振虹.CRH高速动车组技术原理与趣谈.中国铁道出

版社.

[68] 中铁第四勘察设计院有限公司.珠三角城际列控系统ATO 用户需求研究武汉.中铁第四勘察设计院有限公司.2012.

[69] 网易科技.新铁路客票系统一期造价超3亿,今年年底前完成.

[70] 杨晓音,张一君.中国经营报.网购车票,前世今生.

[71] 明齊聖靈.新浪博客车票."网事"并不如烟:12306招投标迷雾.

[72] 网易科技.12306网络售票平台发展回顾.

[73] 廖秀蓉.铁路网.从高铁餐桌看铁总用心服务.

[74] 李娜.张润秋情暖旅客的"润秋服务组".中华儿女.

[75] 合肥文明网.合肥高铁南站志愿服务迈上新台阶.

[76] 王燕燕,孟令君.铁路电子客票法律性质探究.交通企业管理.

[77] 搜狐.556张高铁火车票载您平安返乡.

[78] 华南.春运流动中的乡土情结.中华儿女.

[79] 杭州市人民政府网.旅游名城.

[80] 冰雪大世界官网.

[81] 儒家经济文化网.春运也在与时俱进.

[82] 董怡虹.高铁时代:港人的期待.东方网.

[83] 搜狐.香港正式接入中国高铁网,带来的地缘政治影响.

[84] 张诗蕾.探讨铁路客运服务系统存在的问题与应对措施.建

筑工程技术与设计.

[85] 郝颖. 提高高速铁路服务质量的思考和对策. 管理观察.

[86] 胡良平. SWOT分析城际铁路对天津旅游发展的影响. 经济研究导刊. 2010.6.

[87] 一张亮丽的"中国名片":记京津城际铁路工程. 2010.11.

[88] 铁路史话. 北京交通大学公开课.

[89] 金磊. 人文奥运理念该持续传承,从取代"京张铁路"的"京张高铁"说起. 学人品评. 2017年第6期.

[90] 陈宜禧. 台山政府网.

[91] 承仁义. 金士宣. 北京交通大学出版社. 2016.9.

[92] 王麟,李政. 高铁的前世今生. 中国铁道出版社. 2016.

[93] 朱国志. 高速铁路联调联试及运行试验(第二版). 中国铁道出版社. 2013.

[94] 朱生宪,陈国鹏,曲子贤. 高速铁路联调联试组织与管理. 中国铁道出版社. 2017.

[95] 何宗政,曹耀祖. 中国中铁隧道公司. 中国第一铁路长隧施工取得阶段性突破.

[96] 高黎贡山铁路隧道. 360百科.

[97] 搜狐. 大瑞铁路高黎贡山隧道正攻坚,中国最长铁路隧道这样建.

[98] 中国经济网. 京张高铁八达岭长城站:入地百米,岩体里

"种"钢筋.

[99] 人民网.京张高铁八达岭长城站站房建筑方案确定.

[100] 铁道论坛.世界最深高铁站,八达岭长城站实现"零误差"贯通.

[101] 吕铁,黄阳华,贺俊.高铁"走出去"战略与政策调整.中国发展观察,2017(8).

[102] 吕能学.宜万铁路工务线路维修管理现状及改进策略研究.华东交通大学,2017.

[103] 张国伍.高速铁路和民航运输的现状与发展,"交通7+1论坛"第四十一次会议纪实[J].交通运输系统工程与信息.2016,16(1):2-11.

[104] 吴克俭,芦金宁.中国高速铁路技术标准体系.中国铁路,2010(7):1-7.

[105] 张汉斌,刘雪涛.当前世界经济发展趋势及我国高铁"走出去"战略分析.理论学习与探索.2011(1):9-10.

[106] 王邦胜.BJ铁路局高速铁路工务维修管理体系的研究.西南交通大学.2013.

[107] 祁艳朝.高校实施协同创新模式与机制研究初探.黑龙江教育学院学报.2012,31(10):5-6.

[108] 宋微.海外高铁项目的风险评估与应对策略.中国国情国力,2017(3):71-74.

[109] 阚峰. 列控设备动态监测系统运用案例分析. 上海铁道科技, 2017(1):146-148.

[110] 谢赞德. 浅析动车组运行故障动态图像检测系统运用管理. 科技视界, 2014(12).

[111] 宁滨. 服务国家重大需求,彰显一流学科特色. 中国高等教育, 2016(18):16-17.

[112] 耿志修. 中国高速铁路安全技术体系. 中国铁路, 2010(12).

[113] 康高亮. 中国高速铁路安全保障体系研究与实践. 铁道学报, 2017(11):6-12.

[114] 央企名录,http://www.sasac.gov.cn.

[115] 中央企业新闻发言人信息,http://www.sasac.gov.cn.

[116] 中国铁路通信信号集团（股份）有限公司企业官网简介.

[117] 中国铁路物资集团有限公司公司官网简介.

[118] 国家铁路局. 关于印发《高速铁路突发事件应急预案(试行)》的通知. 2012.

[119] 刘恩相. 高铁突发事件应急管理相关问题研究. 西南交通大学, 2013.

[120] 宋力榕. 哈大高铁安全运营应急保障工作浅析. 中国应急管理, 2013(3):51-54.

[121] 褚飞跃.高速铁路调度指挥可靠性及应急处置相关问题研究.西南交通大学.2012.

[122] 李晋. 高速铁路突发事故应急处理. 科技创新与应用.2012(30):328-328.

[123] 张克云. 提高高速铁路应急处置水平的思考. 中国铁路.2017(3):51-54.

[124] 程学庆. 高铁应急救援管理及预案研究. 中国铁道出版社.2015.

[125] 赵华. 国外发达国家高铁安全管理经验之鉴. 湖南安全与防灾.2011(9):52-53.

[126] 张曙光. 高速铁路系统生命周期安全评估体系的研究. 铁道学报. 2007,29(2).

[127] 郑丽媛,高宁波等. 基于集成法的高速铁路运营安全综合评价.交通信息与安全.2015,33(3)

[128] 崔锦砖. 高速铁路客运安全评价研究. 经济师.2017(9):70-71.

[129] 何正友,冯玎等. 高速铁路牵引供电系统安全风险评估研究综述.西南交通大学学报,2016,51(3):418-429.

[130] 丁坚勇,孙建明等. 高速铁路供电系统安全性评估研究.铁道工程学报.2011,28(5):76-80.

[131] 陶锋. 高速铁路接触网安全评价研究. 西南交通大

学.2014.

[132] 徐岩, 王娟娟. 基于高速铁路的GSM-R通信安全评价方法研究. 铁道学报. 2012, 34(11):43-48.

[133] 舒服华. 高速铁路调度系统安全状态评价. 高速铁路技术. 2017(2).

[134] 姜桂平. 高铁调度安全分析与对策[J]. 上海铁道科技. 2013(1):3-4.

[135] 王瑞斌. 高速铁路调度指挥安全保障的探讨. 铁道运输与经济. 2013. 35(12):37-40.

[136] 郭风东, 李涛. 高速铁路调度指挥安全保障体系的探讨. 铁道运输与经济. 2011(9):28-30.

[137] 张勇, 曾凡勤, 刘建磊. 某准高速铁路大桥的运营安全评估. 铁道建筑. 2009(3):15-18.

[138] 陆钰彬. 西南山区高速铁路路堑高陡边坡安全性评价体系研究及其应用. 西南交通大学. 2011.

[139] 黄磊. 山区高速铁路边坡安全性评价方法研究. 西南交通大学. 2014.

[140] 徐明伟. 高速铁路运营期线桥结构沉降监测及安全评估. 铁道勘察. 2014(4).

[141] 路言杰. 新建道路下穿运营高铁桥孔安全评估技术的应用. 上海铁道科技. 2017(3):37-39.

[142] 陈慧阳,沙明华.基于模糊综合评价的高速铁路安全运营研究.西部交通科技. 2017(12).

[143] 李敏.安全评估在高速铁路中的应用.世界轨道交通. 2005(5):43-45.

[144] 李淮.高速铁路供电系统安全性评估.通讯世界. 2015(7):124-125.

[145] 刘瑞扬.构建京津城际高速动车组安全质量保障体系的思考与实践.中国铁路.2009(12).

[146] 梁开源,关璐璐.浅谈新一代CRH3型高速动车组自身安全保障功能.中国智能交通年会. 2013.

[147] 嵇鹏程,沈惠平.服务机器人的现状及其发展趋势.常州大学学报(自然科学版). 2010, 22(2):73-78.

[148] 王炎,周大威.移动式服务机器人的发展现状及我们的研究.电气传动. 2000, 30(4).

[149] 沉钩.机器人向导现身铁路车站.交通与运输.2017,33(5):53-53.

[150] 成都万先自动化科技有限责任公司,车站引导服务机器人. 2014.04.30.

[151] 刘自才.简谈智慧火车站技术在长春站的应用.铁路通信信号工程技术.2018.6.